Reinhold Stecher
Der Heilige Geist und das Auto

REINHOLD STECHER

# Der Heilige Geist und das Auto

Mit Bischof
**REINHOLD STECHER**
durch das Jahr

Herausgegeben von Klaus Egger
im Auftrag der Diözese Innsbruck

Tyrolia-Verlag · Innsbruck-Wien

Mitglied der Verlagsgruppe „engagement"


Bibliografische Information der Deutschen Nationalbibliothek
Die Deutsche Nationalbibliothek verzeichnet diese Publikation in der Deutschen
Nationalbibliografie; detaillierte bibliografische Daten sind im Internet über
http://dnb.d-nb.de abrufbar.


2015
© Verlagsanstalt Tyrolia, Innsbruck
Umschlaggestaltung und Layout: Tyrolia-Verlag
Das Umschlagbild zeigt die Universitätsstraße in Innsbruck; links der Eingang in die
Hofkirche, rechts die Eingänge zum Franziskanerplatz und in die Altstadt
Lithografie: Artilitho, Lavis (I)
Druck und Bindung: Gorenjski-Tisk, Kranj (Slo)
ISBN 978-3-7022-3472-0 *(gedrucktes Buch)*
ISBN 978-3-7022-3473-7 *(E-Book)*
E-Mail: buchverlag@tyrolia.at
Internet: www.tyrolia-verlag.at

# Inhalt

# Vorwort

Noch lebendig kann ich mich an die Predigt von Bischof Reinhold Stecher bei meiner Priesterweihe 1994 erinnern. Das Evangelium vom Wachsen der Saat hat nahegelegt, dass der Bischof in die Rolle des Bauern schlüpft und uns Weihekandidaten die Kunst der Seelsorge im Bild der bäuerlichen Tätigkeit erschließt. Ein Beispiel unter vielen. Wer hätte damals und zu Lebzeiten von Bischof Stecher gedacht, dass ein Papst jene Prinzipien von Verkündigung und Predigt in Erinnerung ruft, die wesentliche Eckpunkte für Reinhold Stecher gewesen sind?

„Die Homilie ist der Prüfstein, um die Nähe und die Kontaktfähigkeit eines Hirten zu seinem Volk zu beurteilen. In der Tat wissen wir, dass die Gläubigen ihr große Bedeutung beimessen; und sie, wie die geweihten Amtsträger selbst, leiden oft, die einen beim Zuhören, die anderen beim Predigen. … Ein Prediger ist ein Kontemplativer, der seine Betrachtung auf das Wort Gottes und auch auf das Volk richtet. Auf diese Weise macht er sich vertraut, ‚mit den Wünschen, Reichtümern und Grenzen, mit der Art zu beten, zu lieben, Leben und Welt zu betrachten, wie sie für eine bestimmte Menschengruppe charakteristisch sind‘, achtet dabei auf das konkrete Volk mit seinen Zeichen und Symbolen und antwortet auf seine besonderen Fragen. … Eine der nötigsten Anstrengungen ist zu lernen, in der Predigt Bilder zu verwenden, das heißt, in Bildern zu sprechen. … Die Bilder hingegen helfen, die Botschaft, die man überbringen will, zu schätzen und anzunehmen. Ein anziehendes Bild lässt die Botschaft als etwas empfinden, das vertraut, nahe, möglich ist und mit dem eigenen Leben in Verbindung gebracht wird. Ein gelungenes Bild kann dazu führen, dass die Botschaft, die man vermitteln will, ausgekostet wird; es weckt einen Wunsch und motiviert den Willen im Sinne des Evangeliums. … Wenn man sich an die Sprache der anderen anpassen will, um sie mit dem Wort Gottes zu erreichen, muss man viel zuhören, das Leben der Leute teilen und ihm gerne Aufmerksamkeit widmen. … Ein anderes Merkmal ist die positive Sprache. Sie sagt nicht so sehr, was man nicht tun darf, sondern zeigt vielmehr, was wir besser machen können. Wenn sie einmal auf etwas Negatives hinweist, dann versucht sie immer, auch einen positiven Wert aufzuzeigen, der anzieht, um nicht bei der Klage, beim Gejammer, bei der Kritik oder bei Gewissensbissen stehen zu bleiben." (Aus: Papst Franziskus, Apostolisches Schreiben „Evangelii Gaudium", 2013)

Im Rahmen des Diözesanjubiläums „50 Jahre Diözese Innsbruck" im Jahr 2014 haben in allen Regionen unseres Kirchengebietes „Konzilstage" stattgefunden. Ziel war es, mit engagierten Christinnen und Christen jene Anliegen zu suchen und zu besprechen, die „unter den Nägeln brennen". Als ganz wesentliche Fragen sind dabei durchgehend die Weitergabe des Glaubens und die Sprache in Liturgie und Kirche benannt worden. Wie heute den Glauben weitergeben? Wie den Glauben so ins Wort bringen, dass die Menschen seine Schönheit und Tragkraft verstehen? Mögen die Predigten von Bischof Reinhold Stecher jenen, die sie im Lesen betrachten, und jenen, die sich von ihren Worten berühren lassen, ein großes Stück Freude am Glauben erschließen! Und möge das Auto unseres Glaubens einen neuen Turbo erhalten.

Jakob Bürgler
*Generalvikar der Diözese Innsbruck*

# Einführung

Bischof Reinhold Stecher wurde am 22. November 2010 in Bonn für sein Lebenswerk mit dem Ökumenischen Predigtpreis ausgezeichnet. In der Begründung heißt es:

*„Die Predigten Stechers zeichnen sich durch theologischen Tiefgang aus, verbunden mit einer hohen Bildhaftigkeit und Anschaulichkeit. Sie atmen den Geist der Freiheit eines Christenmenschen und sind stets mit einer Portion Humor gewürzt. Sie machen nachdenklich und lassen seine Zuhörer schmunzeln. In alledem ist dem profilierten Prediger seine faszinierende Tiroler Heimat Sprache Gottes an den Menschen von heute."*

Er selbst schreibt in der Meditation „Der Heilige Geist und das Auto":

*„Immer, wenn ich von den tiefsten und überwältigendsten Wahrheiten unseres Glaubens sprechen soll, stoße ich auf diese Schwierigkeit: Ich spüre das ganze Unvermögen meiner Sprache. Ich fühle mich an den Grenzen meines Denkens und meiner Mitteilungsmöglichkeit. Und doch soll ich die Botschaft weitersagen, dass sie da und dort ankommt. So geht es mir jetzt: Wie soll ich von dem reden, der alles erfüllt und alles bewegt – dem Heiligen Geist?*

*Mit dem Blick auf das Vorbild unseres Herrn wage ich es, auf die Suche nach Bildern und Vergleichen in unserer Lebenswelt zu gehen. Es war auf der Heimfahrt von einer Firmung, am späten Abend, durch das nächtliche Land. Da hat sich in mein Sinnen über den Geist Gottes das Auto in die Meditation gedrängt."* (Die ganze Meditation findet sich auf Seite 73.)

In diesen wenigen Sätzen bringt Reinhold Stecher auf den Punkt, was ihn im Blick auf seinen Verkündigungsauftrag als Priester und Bischof bewegt. Man fühlt sich geradezu an den Abschluss der Gleichnisrede im Markusevangelium erinnert, wo es heißt: „Womit sollen wir das Reich Gottes vergleichen, mit welchem Gleichnis sollen wir es beschreiben? Es gleicht einem Senfkorn … Durch viele solche Gleichnisse verkündete er ihnen das Wort, so wie sie es aufnehmen konnten" (Mk 4,30.33).

Immer wieder hat Reinhold Stecher dieses Suchen nach Bildern und Vergleichen umgetrieben, um die Botschaft des Evangeliums so zu verkünden, dass sie dem Menschen von heute zugänglich wird. Wenn Jesus gesprochen hat, dann sind die Menschen in Scharen gekommen, um ihn zu hören. Er hatte eine gute Nachricht für alle, die arm dran sind und sich nach einem erfüllten Leben sehnen, das mehr ist als bloßer Alltag, das ein Fenster öffnet zu dem, was die wahre Höhe und Tiefe des Lebens ausmacht, zu einem Leben, über dem sich ein offener Himmel zeigt, das zu einem menschlichen Miteinander motiviert.

Aus dem reichen Predigtschatz von Reinhold Stecher sollen in diesem Band Texte vorgelegt werden, die heute genauso aktuell sind wie zu der Zeit, da sie gesprochen wurden. Sie möchten die Leserin, den Leser, begleiten auf ihrer Suche nach Wegweisern für ein Christenleben im Hier und Heute, durch den christlichen Jahreslauf mit seinen großen und kleinen Festen, als Ermutigung an großen Lebenswenden, im Blick auf prägende Vorbilder und auf einen geerdeten Glauben im Alltag des Lebens.

Ehe wir diese Predigtschatztruhe nun öffnen, möchte ich Sie zu einem Blick hinter die Kulissen einladen. In einem Vortrag für Diakone mit dem Titel „Kleiner Küchenleitfaden für Predigt und Verkündigung" hat Reinhold Stecher aus seinen reichen Erfahrungen in etwas gelockerter Form ein „Kochbuch" zur Predigt zusammengestellt. Darin heißt es unter anderem:

*„Variiere dein Menü je nach deinen Gästen! Kranke brauchen Trost, Kinder brauchen Fröhlichkeit, Intellektuelle brauchen Weisheit, die den Hausverstand nicht verachtet und doch nicht von dieser Welt ist, Fernstehende brauchen Erinnerung an das, was ihnen fehlt, einen Verstärker für die Hoffnung, die unter der Asche der Enttäuschung ja doch glimmt, … und alle brauchen die befreiende Wahrheit Jesu."*

Reinhold Stecher hat sich in seinen eigenen Predigten genau an dieses Rezept gehalten. Er hat seine jeweiligen Zuhörer in ihrer eigenen Welt und Lebenssituation abgeholt und ihnen den Tisch des Heils gedeckt.

Die in diesem Band abgedruckten Texte stammen alle aus der Zeit zwischen 1980 und 2011. In Einzelfällen wurden Personennamen und situationsbedingte Hinweise, die heute überholt sind, ausgeblendet. Der Vorspann zu den einzelnen Kapiteln, Überschriften und kleinere Hinweise zu manchen Texten stammen vom Herausgeber.

Innsbruck, im Sommer 2015                    Klaus Egger

# WEGWEISER ZUM CHRISTSEIN

Im Jahr 2002 hat Reinhold Stecher im Wiener Rathaus die Festansprache zum 50. und 25. Bischofsjubiläum von Kardinal Franz König und Weihbischof Helmut Krätzl gehalten. Das Wirken der beiden großen Kirchenmänner hat er im Bild des Wegweisers aufleuchten lassen (vgl. Reinhold Stecher, Mit gläubigem Herzen und wachem Geist, S. 262–268). Wenn man diese Rede heute liest, dann kann man darin auch ein Selbstporträt von Bischof Stecher entdecken. Auch er gehörte und gehört zu den großen Wegweisern für Kirche und Gesellschaft, für ein Christsein im Hier und Heute.

Neben Vorträgen und öffentlichen Stellungnahmen waren es vor allem seine Hirtenbriefe in der Fastenzeit, die in einer Zeit sich überstürzender Ereignisse Orientierung geschenkt haben und immer noch schenken. Die hier abgedruckten Schreiben an alle Christinnen und Christen nehmen sich aus wie vier kräftige Säulen, die das Leben tragen können.

Erste Säule: Das Christentum ist eine „Ja"-Religion. Es geht um das Ja zu Gott, zur Gesellschaft, zur Kirche, zum Gemeinwohl und auch zur Fröhlichkeit und zum Humor.

Zweite Säule: Die Freude an der Schöpfung, die sich in dankbarem Lobgesang zum Ausdruck bringt, dabei aber die Sorge um unsere Umwelt nicht aus den Augen verliert. Der große Trost: Gott segnet auch unsere Welt.

Dritte Säule: Die Heilige Schrift. Nach alter Tradition sind uns Menschen zwei Bücher geschenkt, in denen Gott zu uns spricht – das eine: die Natur und das andere: die heiligen Texte der Bibel. Der „Gang zur Quelle" führt den Menschen zum Wasser des Lebens.

Vierte Säule: Das große Atemholen am Sonntag. Zu einem gesunden Lebensrhythmus gehören Arbeit und Ruhe, das Erleben von Gemeinschaft und die Begegnung mit dem Geheimnis, das wir Gott nennen. All das schenkt die Feier des Sonntags.

Diese vier Säulen stecken den großen Rahmen ab, in dem sich ein frohes und gelingendes Christsein entfalten kann.

# Das große „Ja"

Das ganze Universum, die Heilsgeschichte, die Heilige Schrift hallen wider vom großen „Ja" Gottes. Es beginnt schon bei der Schöpfung, wo der Ewige zu allem, was wird, seinen bejahenden Gruß ausspricht: „Und Gott sah, dass es gut war …" Und dieses „Ja" schwingt im Worte Jesu: „So sehr hat Gott die Welt geliebt, dass er seinen einzigen Sohn dahingab …" Das „Ja" Gottes weht noch durch die letzten Seufzer am Kreuz und es strahlt aus dem Friedensgruß des Auferstandenen. Dieses „Ja" Gottes fordert das „Ja" unseres Herzens heraus. Das Christentum ist eine „Ja"-Religion. Freilich ist dieses „Ja" ein „Trotzdem-Ja", zu dem man sich auf dem Hintergrund von Zweifel, Unsicherheiten, Traurigkeit und Schuld durchringen muss. Und dieses „Ja" schließt auch immer wieder ein „Nein" ein, nämlich das zum Bösen. Aber ich glaube, dass man dieses „Nein" sehr schwer sagen kann, wenn kein „Ja" im Herzen schwingt. Wenn ein schwieriges „Nein" gesagt werden muss, kann man es eigentlich nur jemandem zuliebe sagen. Das gilt schon für jedes Kind.

Das tiefste „Ja" muss das zu Gott hin sein. Ich möchte allen wünschen, dass dieses Urvertrauen, diese „Ja"-Haltung zu Gott hin neu aufblüht. Wer sie im Herzen erfährt, weiß, was der Glaube wert ist.

## Das „Ja" der Solidarität

Unsere gesellschaftliche Situation erfordert ein bewusstes „Ja" des Mitgefühls und der Mitverantwortung zum anderen hin. Natürlich gilt das zunächst für den engeren Kreis der Menschen, mit denen wir unmittelbar das Leben teilen. Aber heute muss dieses „Ja" darüber hinausgehen. Wir spüren doch alle, dass sich unter dem Druck wirtschaftlich schwierigerer Zeiten Egoismen, Rücksichtslosigkeiten und reine Privatinteressen ausbreiten. Und so wächst die Gleichgültigkeit gegenüber denen, die im Schatten leben. Es gibt sie immer, die

„Stillen im Lande", die sich nicht gut artikulieren können und über keine besonderen Beziehungen verfügen, die um ihren Arbeitsplatz im bedrängten Betrieb, um ihre Wohnung, ihre Rückzahlungen, ihre Zukunft, ja auch um ihr tägliches Auskommen bangen müssen. Wenn wir nicht immer wieder das weite „Ja" der Solidarität in unseren Herzen tragen, mit allen Konsequenzen, die es bedeutet, dann können wir die Probe unserer Zeit nicht bestehen. Dieses „Ja" der Solidarität macht uns ja erst zu einem Volk, und ohne dieses „Ja" wären wir nur ein bunter, wilder Haufen von Egoisten.

## Das „Ja" zur Kirche

Auch wenn ich um ein „Ja" zur Kirche bitte, die immer noch die seine, nämlich die Kirche Christi ist, ist mir bewusst, dass dieses „Ja" für viele nicht ganz selbstverständlich ist. Es geht im Trend der Zeit, die von Institutionen ganz allgemein nicht viel hält, leicht verloren. Selbst bei bewussten und engagierten Christen kann dieses „Ja" in Missmut, Kritik und Ungeduld untergehen. Aber wir müssen es einfach durch alles Menschliche hindurch sagen. Es weht doch auch tausendfaches und liebenswertes Gutes durch diese Kirche. Sagen wir also unser „Ja" in der konkreten Arbeit der Pfarrgemeinden und Gemeinschaften! Sagen wir es in den vielen Initiativen für Hilfsbedürftige, Einsame, Behinderte, Kranke, Sterbende, Flüchtlinge und Hungernde, sagen wir das „Ja" in unseren Gottesdiensten, im Gebet und in der Musik. Sagen wir es auch zu dem vielen guten Willen, der in den Gremien unserer Diözese aufbricht. Und wenn irgendwo in einem Herzen der Gedanke an einen geistlichen Beruf aufkeimt, den das Reich Gottes ja so dringend braucht, dann möchte ich auch zu diesem leisen „Ja" ermutigen!

## Das „Ja" zur Demokratie

Auch unser Gemeinwesen kann ein „Ja" dringend brauchen. Der erste Petrusbrief, der die Christen zu einer konsequenten Haltung

in einer pluralistisch-heidnischen Welt aufruft, sagt trotzdem „Ja"
zum damaligen römischen Staat, der wahrhaftig mehr Schönheitsfehler hatte als der unsere. Dieses so notwendige „Ja" zum Staat und
seinen Institutionen wird untergraben, wenn überbordende Kritik,
Aggression und Derbheiten den Ton angeben. Manchen ist nicht
wohl, wenn sie nicht jeden Tag eine Fuhre Jauche auf die Wiesen der
Öffentlichkeit fahren können. Was soll da noch wachsen? Natürlich
lebt eine Demokratie auch von der Kritik – aber sie braucht auch
eine Kultur der Kritik. Demokratische Autoritäten benötigen Kont-
rolle, aber sie brauchen auch ein Mindestmaß an Respekt. Wenn das
verweigert wird, werden sich immer mehr redliche und sachkundige
Menschen weigern, in der Politik tätig zu sein. Der bloße christliche
Hausverstand müsste uns verpflichten, das „Ja" zu unserem Rechts-
staat zu sagen, trotz seiner Schönheitsfehler. Denn als Alternative
wartet nur die Diktatur, die Herrschaft der großen Sprüchemacher
und Gewaltmenschen. Vielleicht müsste uns für dieses „Ja" zu unseren demokratischen Gemeinden, unserem Land und unserem Staat
auch so etwas wie eine Dankbarkeit bewegen. Dieses Gemeinwesen
hat uns immerhin die besten Jahrzehnte unserer Geschichte beschert.

## Das „Ja" zur Freude

Und noch ein „Ja": Es ist wie ein kleiner heller Sonnenschein, der
über die Wasser der Zeit huscht und da und dort eine Welle aufblitzen lässt. Es ist das „Ja" zur Fröhlichkeit und zum Humor. Beides
gehört zum Christen, sozusagen als Ausweis seiner Echtheit. Mir ist
immer aufgefallen – in der Kirche und in der Welt –, dass der Fana-
tismus und die Enge die Gesichter versteinern und verfinstern. Wir
dürfen doch nicht Christus zum Lügner machen, der gesagt hat, er
wolle, dass seine Freude in uns und damit unsere Freude vollkommen sei (vgl. Joh 15,11).

# Der Christ und die Schöpfung

Heute möchte ich eine Saite des Glaubens und des Gewissens der Seele anschlagen, von der ich hoffe, dass ich sie bei vielen Menschen unseres Landes zum Schwingen bringen kann. Es ist die Saite der Freude an der Schöpfung. Gott hat uns ein so schönes Stück Welt zur Heimat geschenkt, dass uns diese Freude an der Schöpfung eigentlich in die Wiege gelegt sein müsste.

Diese Freude an Gottes Schöpfung spürt das Kind, das sein Kätzchen streichelt, die Mutter, die ihr Neugeborenes anschaut, der fotografierende Wanderer, der die Landschaft einfängt. Diese Freude muss uns durchströmen, wenn wir die Wasserhähne aufdrehen und reines Quellwasser herauskommt, selbst in der großen Stadt. Sie muss in uns aufrauschen, wenn die Kabine der Seilbahn über die Bergwälder streift oder wir als Skifahrer die Bögen hinunterziehen.

Jeder Mensch wird von dieser Freude an der Natur berührt. Für den Glaubenden müsste sie einen volleren Ton bekommen. Wenn der Glaube lebendig ist, wird das Lied der Schöpfung zum Lobgesang.

## Der Lobgesang

Ich freue mich beim Breviergebet immer auf die Stelle, wo zum Sonntagmorgengebet der Lobgesang der drei Jünglinge im Feuerofen (Dan 3,51–90) drankommt. In diesem herrlichen Lobpreis aus dem Alten Testament wird die Schöpfung zum großen Orchester. Da beginnt alles zu singen: die Wolken und die Gestirne, der Fluss, der durchs Tal schwingt, der Raureif im Gesträuch am Bachrand, der Spatzenschwarm auf dem Hausdach und die Blumen in meiner Tischvase. Und wenn ich das so in meinem Fastenhirtenbrief schreibe, dann ist das nicht irgendein poetischer Überschwang, sondern eben die Sprache des Heiligen Geistes im Gotteswort.

Von dieser ehrfürchtigen und dankbaren Schau der Natur müssen wir ausgehen. Denn die Schöpfung ist heilig. Und wehe der Natur und dem Leben, wenn dem Menschen nichts mehr heilig ist!

## Die Sorge

Im 20. Jahrhundert ist eine große Wende in der Beziehung von Mensch und Schöpfung eingetreten. Früher stand der Mensch weitgehend hilflos vor den Naturgewalten und musste sich vor ihnen fürchten. Jetzt sind die Rollen fast vertauscht: Die Natur muss sich vor dem Menschen fürchten.

Es geht ein Zittern um die Erde. Die Fische zittern vor den Abwässern, die Schmetterlinge vor den Pestiziden. Viele Tiere zittern bei unnötigen, quälenden Experimenten, Tannennadeln und Buchenlaub zittern vor den Abgasen. Die Bergblumen zittern vor der nächsten Schubraupe, die für immer das Aus bedeutet. Hunderttausende von Embryonen zittern im Mutterleib vor der Abtreibung; ja, die ganze Erde hüllt sich nur noch zitternd in den strahlenschützenden Ozonmantel, den wir ihr systematisch zerfetzen. Jahrmillionenlang hat die „unvernünftige" Natur mit ihren feinen Mechanismen und Instinkten für ein gewisses Gleichgewicht in den Lebensräumen gesorgt. Aber der Mensch, der sich nicht auf Instinkte verlassen kann, sondern mit Geist und Herz diese Welt „bebauen und behüten" soll (Gen 2,15), kann mit Habgier und Hochmut viel zerstören.

Es gibt natürlich echten Fortschritt, um den wir alle froh sind. Aber wenn man heute sieht, wie diese energiegeladene, hochentwickelte und durchorganisierte Zivilisation in entscheidenden Fragen der Umwelt und des Lebens danebenfährt, dann kommt einem wirklich der alte Autofahrerspruch in den Sinn: „Was nützt der Tiger im Tank, wenn der Esel am Steuer sitzt?"

## Eine neue Gesinnung

Angesichts dieser Situation müssen wir heute um neue Gesinnungen beten. Um eine neue *Ehrfurcht*, die sich auf alles Lebendige erstreckt. Um eine neue *Bescheidenheit*, die um der Schöpfung willen auf überzogene Ansprüche verzichtet. Und wir müssen um eine neue *Klugheit* bitten, die sich mit Gefühl und Behutsamkeit der Natur verbindet.

Wenn man die Sorge um Gottes Schöpfung ernst nimmt, dann muss auch ein Wort über den Stand gesagt werden, der seit Jahrhunderten den Umgang mit der Schöpfung eingeübt hat und der nun europaweit bedroht ist. Es ist der Bauer. In den Weisheitsbüchern des Alten Testaments habe ich das Wort gefunden: „Der Gerechte weiß, was sein Vieh braucht, doch das Herz der Frevler ist hart" (Spr 12, 10). Dabei ist mir in Erinnerung gekommen – zurück bis in die Tage der Kindheit –, was für eine Zuwendung der Bauer unseres Landes zu seinem Vieh hatte – und hat. Wie leidet er mit, wenn Schneewolken im Juli über die Almen hereinfahren! Prof. Bernhard Grzimek, der große Anwalt der Tierwelt, hat nach einer erschütternden Dokumentation über die Viehmastmethoden in einigen Ländern Europas am Ende des Films einen Tiroler Almabtrieb gezeigt und dazu gesagt: „Das ist ein Musterbeispiel dafür, wie der Mensch mit seinem Nutztier umgehen sollte!" „… Der Gerechte weiß, was sein Vieh braucht." Wie aktuell kann eine 2500-jährige Weisheit der Heiligen Schrift sein! Die drohende Beseitigung des Bauern ist nicht nur das Auslöschen eines Standes und einer Kultur, es ist auch ein weiterer Schritt zur Schöpfungsverachtung. Wem mit der Schöpfung ernst ist, muss heute als Christ mit dem Bauernstand Solidarität üben. Wir würden es alle bitter büßen, wenn er den Technokraten weichen müsste!

## Der Segen

Ein Trost in allen diesen Sorgen sollte uns dennoch bleiben: Gott, der Herr, hat nach dem Wort der Genesis (Gen 1,22) die Schöpfung gesegnet.

☆ Gesegnet seien alle Eltern, die es verstehen, ihren Kindern Staunen und Ehrfurcht vor der Schöpfung ins Herz zu senken.

☆ Gesegnet seien alle Wissenschaftler, Forscher und Fachleute, die bessere Alternativen entwickeln, schonendere Techniken ersinnen, Ersatzlösungen für Tierversuche anbieten, Energiekonzepte und Abfallstrategien erarbeiten, die die Schäden begrenzen.

☆ Gesegnet seien alle, die dem kostbarsten und hilflosesten Leben in der Schöpfung dienen, dem des Ungeborenen im Mutterleib, alle Ärzte und alle Organisationen und Einrichtungen, die sich dafür einsetzen.

☆ Gesegnet seien alle, die zur Neuorientierung der Schöpfungsgesinnung in der Gesellschaft beitragen: Biologielehrer, Erzieher, Film- und Fernsehfachleute, Künstler, Literaten und Journalisten.

☆ Gesegnet seien alle, die im politischen Bereich um realistische Lösungen ringen und sich oft mächtigen Interessen gegenübersehen.

☆ Gesegnet seien alle, die der Erhaltung unserer Wälder dienen, und alle oft so wenig bedankten Mitarbeiter der Berg- und der Wasserwacht.

☆ Und weil die Kirche so viele Dinge gesegnet hat, die der Mensch gebaut hat, möchte ich einen besonderen Segen für das anfügen, wo er nicht mehr eingreifen will: Gesegnet seien die Reservate und Erholungsräume, die Biotope und Quellschutzgebiete, alle Initiativen zum Schutz gefährdeter Pflanzen- und Tierarten und der Nationalpark!

Der Segen Gottes soll uns alle ermuntern, wach zu werden für die Würde des Lebens und die Kostbarkeiten der Natur, die uns der Herr gerade in unserer Heimat in so großer Fülle geschenkt hat.

# Der Gang zur Quelle

Die meisten Tiroler sind mit gutem Quellwasser verwöhnt. Aber wenn irgendwo dem sauberen Wasser Gefahr droht, wird Alarm geschlagen. Man weiß heute, was diese Gabe Gottes wert ist. Und jede Gemeinschaft schätzt sich glücklich, wenn sie über eine reine, ergiebige Quelle verfügt.

Auch die Gemeinde Gottes hat eine reine, ergiebige Quelle: Das ist die Heilige Schrift, das Wort Gottes. Wenn wir das Bachbett der Kirche zurückgehen, über dessen Steine und Stufen das Heil Christi in die Welt strömt, finden wir die wunderbare Quelle ganz am Beginn. Als Kinder sind wir oft zur Quelle unseres Dorfbaches hinaufgewandert, um dann fasziniert vor der dunklen Höhle zu sitzen, aus der das Wasser herausgesprudelt ist. So möchte ich einladen, zur Quelle zurückzuwandern, sich vor sie hinzusetzen, still zu werden, zu staunen, zu horchen, zu schauen und zu trinken und dann mit neuer Glaubensfreude weiterzugehen. Denn diese Quelle der Heiligen Schrift bricht aus den unfassbaren, unergründlichen Tiefen der Ewigkeit hervor: In ihr und in ihren Worten ist Gottes Geist am Werk.

Es scheint mir aktuell zu sein, wieder einmal über diese wunderbare Quelle zu reden. Viele verlieren nämlich den Zugang zu ihr.

## Problemanzeigen

Die einen vergessen und übersehen die Heilige Schrift in den tausend Angeboten unserer Zeit. Anderen ist der Zugang zu mühsam. Auch wenn man durchaus kein Gelehrter sein muss, um die Bibel lesen zu können, so kann man mit ihr doch nicht so oberflächlich umgehen wie mit Kriminalromanen, Sportberichten, Fernsehserien und Modeschauen. Schriftworte sind keine Billigware.

Wieder andere lassen das Wort Gottes beiseite und begnügen sich mit Ersatz. Die kühle, reine Quelle des Evangeliums genügt nicht, man greift lieber zu einem künstlichen Getränk mit dem prickelnden Kohlensäurezusatz der Sensation. Die Worte Christi verdienen dann bei weitem nicht so viel Aufmerksamkeit wie irgendeine Erscheinung. Die Verheißungen des Herrn sind zu dürftig – geheime Botschaften müssen her, irgendein noch nie gehörtes Wissen, das sich angeblich irgendeine fromme Seele hinter dem großen Vorhang beschafft hat, den der offenbarende Gott über den jenseitigen Dingen belassen und nicht gelüftet hat. Das vom Heiligen Geist inspirierte Wort Gottes hat für manche lange nicht so viel Bedeutung wie irgendein Traktätchen, das in einem obskuren Verlag erscheint und eine krause Frömmigkeit verbreitet. Und die Gebote Gottes und die wunderbaren Weisungen des Herrn reichen manchen auch nicht – man muss neue Forderungen und Regeln erfinden und mit angsteinflößenden Drohbotschaften versehen, von denen der Heiland der Welt kein Wort gesagt hat.

Manchmal wird die Heilige Schrift auch missbraucht. Schließlich hat jeder Sektierer und Fanatiker der letzten zweitausend Jahre mit der Bibel herumgefuchtelt. Und immer wieder besteht die Versuchung, in die Heilige Schrift das hinein- und aus ihr das herauszulesen, was einem gerade passt. Vor der Eigenmächtigkeit der Schriftauslegung musste ja schon der heilige Petrus warnen (2 Petr 1,20). Darum – um beim oben genannten Bild zu bleiben – muss man im Bachbett der Kirche bleiben, wenn man zur Quelle der Schrift zurückwill. Ohne die Kirche verirrt man sich leicht.

Freilich braucht der Umgang mit der Heiligen Schrift auch Gelehrte, Spezialisten, die uns bei schwierigen Fragen helfen. Und man muss zugeben, dass diese Gelehrsamkeit hie und da auch, wie alle Wissenschaft, kompliziert und unverständlich geworden ist und mit ihrer Sprache manche Leser der Schrift entfremdet hat.

## Die verschiedenen Adressaten

Die Heilige Schrift ist aber keineswegs nur eine Spielwiese für Gelehrte. Ich habe Vierjährige in einem Dorfkindergarten angetroffen, die die Erzählung vom verlorenen Sohn so gut und lebendig ver-

*Bach im Waldviertel*

standen hatten, dass sie dazu eindrucksvolle Zeichnungen verfertigen konnten, die sie mir selbst erklärt haben. In der Volksschule kann die biblische Geschichte wirklich zum „erzählten Heil" werden, das seine Bilder tief in die Seele senkt. Es gibt auch Familienrunden und Gruppierungen verschiedener Art, in denen man das Wort Gottes neu entdeckt hat. (Dazu gehören auch die vielen Gruppen, welche sich Jahr für Jahr zu „Exerzitien im Alltag" treffen.) So wird das Wort der Heiligen Schrift zur Motivation für das Handeln, zur Richtschnur der Lebensgestaltung. Für den Kranken und Bedrängten spendet es Trost und Hoffnung. Der Verunsicherte trifft in der Heiligen Schrift das Wort, das nicht vergeht. Bei Besinnungstagen und in der Meditation vermittelt Gottes Wort die hohe Schule des Betens. Und durch die ganze Geschichte herauf war die Bibel für den Künstler die Fundgrube, in der er Anregung für sein Gestalten fand. In der heiligen Liturgie wird in Lesung und Evangelium der lehrende Christus gegenwärtig. Und so ist für die ganze Kirche Gottes Wort die ursprüngliche, fundamentale Botschaft des Heiligen Geistes. Bei einem ökumenischen Konzil liegt die Bibel nicht umsonst in der Mitte der versammelten Bischöfe.

So hat das Wort Gottes viele Adressaten und viele Weisen der Fruchtbarkeit – eben wie eine Quelle, die ihr lebenspendendes und reinigendes Wasser in viele Richtungen verströmt. Immer wieder gilt es, durch das Bachbett Kirche, das heißt mit ihrer Lehre und Führung, zurückzuwandern bis zur Quelle, aus der das Leben strömt, „auf dass das Wort Christi mit seinem ganzen Reichtum bei euch wohne" (Kol 3,16).

# Sinnvoller Sonntag

Es ist kein Geheimnis, dass die Feier des Sonntags bei vielen ins Wanken gerät. Das sagen die Statistiken, und das wissen wir sicher aus so mancher Debatte, die mit der jungen Generation in der eigenen Familie läuft. Es gibt verschiedene Bedrohungen des Sonntags, seiner Feier und seiner ganzen Kultur: Die einen kommen mehr von außen, wie etwa die wirtschaftlichen und beruflichen Zwänge eines Tourismuslandes, oder weltweite Versuche, das menschliche Leben nur nach dem rationelleren Einsatz der Maschinen und den vollen Kassen zu gestalten. Und andere Bedrohungen kommen mehr von innen: „Was soll denn der Trott einer Tradition, die für die Welt unserer Großeltern gegolten haben mag? Meine Frömmigkeit braucht keinen Fahrplan! Ich bete, wenn mir wieder einmal danach zumute ist. Alles andere ist eigentlich Heuchelei …" Und wieder gibt es manche, denen die Art der gottesdienstlichen Feier einfach zu fad ist und die – vielleicht mit Recht – mehr Lebendigkeit wünschen. Dem steht der Wunsch anderer entgegen, die ihn am liebsten so hätten, wie er zur Zeit ihrer Kindheit war. Und manchmal stirbt der Sonntag einfach im weichen Polstersitz der Bequemlichkeit, im stundenlangen Starren auf den Bildschirm und in einer ausufernden Langeweile …

Der Sonntag ist vielfach bedroht. In so manchen Herzen und Hirnen existiert er sogar noch als lästige Pflichterfüllung. Und doch ist er für ein christliches Leben und eine menschliche Entfaltung unverzichtbar. Und bei diesem letztgenannten Punkt, der Entfaltung des Menschlichen, möchte ich eigentlich beginnen. Mir scheint, dass man in unserer Zeit im religiösen Bereich manchmal Lebensgesetze übersieht. Und eines davon heißt:

## Das Leben braucht Rhythmus

Das ganze Leben in der Schöpfung, das uns heute alle so fasziniert, hat immer zwei Seiten: Die erste ist das Unberechenbare, Spontane, Außerordentliche. Und die zweite ist das Rhythmische, Selbstverständliche, die Wiederholung.

Diese zweite Seite wird in einer hektischen, unruhigen Zeit sehr leicht missachtet. Aber es ist doch so: Alles in der Natur ist neben Bewegtheit und Buntheit auch auf Rhythmen angelegt: auf Tag und Nacht, Sommer und Winter, Atem und Herzschlag. Die Tiere haben ihre Rhythmen – das weiß jeder Jäger und Bauer. Jedes gesunde Kind braucht neben seiner Freiheit und dem Umhertollen auch eine gewisse Ordnung, vom Essen bis zum Gute-Nacht-Kuss. Wenn alles nur der Laune und der Stimmung überlassen wäre, stockt das Leben. Die Hausfrau kann doch nicht nur dann kochen, wenn sie wieder einmal dazu aufgelegt ist, der Lehrer kann nicht nur dann unterrichten, wenn er einen pädagogischen Anfall hat, und der Lokführer kann nicht nur dann fahren, wenn der Geschwindigkeitsrausch über ihn kommt. Alles Leben wird von Selbstverständlichkeiten und Wiederholungen getragen, die man nicht jedes Mal diskutieren kann.

Warum soll das im religiösen Leben anders sein? Sicher gehören die spontane Herzlichkeit, die einmalige Stunde der Ergriffenheit, das große Erlebnis auch dazu. Aber ebenso wichtig sind auch diese selbstverständlichen, rhythmischen Vollzüge, die von der augenblicklichen Stimmung unabhängig sein müssen. Das Leben ist wie unsere Vorhänge und Teppiche nach Mustern gewoben.

Ein Ruhe- und Festtag, sechs Werktage … das ist ein uraltes Strickmuster der Menschheit, und es ist zutiefst sinnvoll. Denn das Leben braucht Rhythmus. Und das göttliche Gebot entspricht dem Wesen des Menschen.

## Die Gemeinde braucht die Mitte

Jede Familie, in der eine gewisse Kultur des Miteinander blühen soll, braucht dieses Sich-Versammeln um den Tisch. Christus hat für seine Familie, seine Gemeinde, auch diese Versammlung um den Tisch des Wortes und der heiligen Eucharistie vorgesehen. Er ist selbst diese Mitte. Und wenn eine Gemeinde diese Mitte verliert, wird sie bald zu einem Verein von Karteileichen absinken. Dann lösen sich die Bindungen auf. Darum müssen wir auch in einer Zeit des Priestermangels darauf schauen, dass nach Möglichkeit in jeder Gemeinde die sonntägliche Versammlung um den Altar bleibt. Wenn wir das nicht mehr in einem Überangebot zu beliebiger persönlicher Auswahl anbieten können, begreifen wir vielleicht gerade in einer solchen Situation etwas deutlicher: Die Gemeinde braucht eine Mitte.

Aber es soll – bei aller Treue und rhythmischen Regelmäßigkeit – eine lebendige Mitte sein. Die Liturgie der Kirche ist ehrwürdig und sie unterliegt in ihren wesentlichen Riten nicht der persönlichen Willkür. Aber andererseits ist sie auch keine Museumsabteilung für Versteinerungen. Das Konzil bietet viele Möglichkeiten lebendiger Gestaltung. Der Sonntag hat eine weite Ausstrahlung, bis hinaus in die Kultur von Gemeinschaft und Erholung. Aber die Gemeinde braucht die lebendige Mitte. Und das Innerste dieser Mitte ist der Herr.

## Der Mensch braucht Gott

Vor einiger Zeit bin ich am frühen Morgen von Innsbruck nach Wien geflogen. Auf dem Flugplatz war eine richtige Waschküche, mit tiefhängenden Wolken. Das Flugzeug hat dann die dichte Wolkendecke durchstoßen und auf einmal hat sich ein wunderbares Bild geboten. Aus dem weiten Wolkenmeer, das sich bis zum Horizont erstreckte, haben nur die höchsten Dreitausender in die Sonne geragt …

Das ist eigentlich der innerste Sinn des christlichen Sonntags. Unser Leben braucht, wie ein großes Atemholen, das Durchstoßen des Wolkenmeeres, hinein in den Glanz der ewigen Auferstehung. Wir müssen verhindern, dass die Waschküche des Alltags, die Nebelschwaden der Diesseitigkeit, des reinen Gewinn- und Konsumdenkens und unserer persönlichen Sorgen immer höher steigen und alles zudecken. Wir brauchen den Durchstoß zum Ewigen, wie die hohen Gipfel über dem Nebelmeer.

Auch heute und morgen gilt:

*Das Leben braucht Rhythmus,*
*die Gemeinde braucht die lebendige Mitte,*
*und wir alle brauchen den erlösenden Gott.*

*STATIONEN AUF DEM WEG*

In der Silvesterpredigt von 1993 hat Bischof Stecher von einer „jagenden" und einer „verweilenden" Zeit gesprochen. Da heißt es:

*„Wir müssen fast alle auf der Hut sein, dass wir nicht Gehetzte werden. Darum brauchen wir als Menschen und Christen die verweilende Zeit. Wir brauchen Stunden, in denen der Bergbach ‚Zeit' stehen bleibt wie in einem kleinen Stausee, wo es keine aufgeregte Gischt mehr gibt und sich ein Stück Himmel spiegeln kann."*

Wir brauchen auch im Ablauf eines Jahres Rast- und Verweilstationen, in denen sich ein Stück Himmel spiegeln kann. Ein kostbares Angebot dazu sind die großen und kleinen Feste im Ablauf des Kirchenjahres. Ist es nicht erstaunlich, in welch hohem Maß Feste wie Weihnachten und Ostern auch in unserer säkularisierten Welt als Verweilstationen geschätzt sind? Reinhold Stecher nimmt dies in seinen Ansprachen zum Anlass, ein Stück Himmel in unserer so oft jagenden Zeit aufleuchten zu lassen.

Das Kirchenjahr möchte dazu einladen, in der Feier heiliger Zeiten und Feste die wahre Größe und Schönheit unseres Lebens zu verkosten. Advent und Weihnachten, Fastenzeit und Ostern sowie die Zeit von Pfingsten bis Allerheiligen bieten dafür reichlich Gelegenheit.

In diesen Ansprachen wird Bischof Stecher durch die sehr persönliche Art, wie er seine Zuhörer in ihrer Lebenswelt abholt und zum Geheimnis der Liebe Gottes hinführt, zu einem geistlichen Bergführer, der seinen Seilschaften wahre Gipfelerlebnisse schenkt. Raststationen werden dann zu Kraftstationen.

# Die Türen zum Heil

In unzähligen adventlichen Gottesdiensten klingt in diesen Tagen die Melodie auf: „Macht hoch die Tür, die Tor macht weit …!" – Das merkwürdige Bild stammt aus dem 24. Psalm und ist in der Bauweise des Alten Orients begründet, Tore zum Schutz vor räuberischen Überfällen möglichst nieder zu halten und schmal. Tore sind die verwundbarsten Punkte der Stadt. Man öffnet zurückhaltend. Man ist in Abwehrstellung. Die Zeiten waren ungut, unsicher, gewalttätig.

Wenn ich an unsere Situation denke – halten wir Menschen in der jetzigen Zeit nicht auch die Tore „niedrig"? – Ich meine die Tore unseres Herzens. Ist diese Welt, in der wir leben, nicht voller Verwirrung, Geschrei, Manipulation, wollen sich nicht Unzählige in unsere Seele drängen, tun wir uns nicht schwer – um es in der Sprache unserer Zeit zu sagen – unsere Identität zu bewahren? Wir selber zu bleiben? Müssen wir nicht die Tore des Herzens niedrig halten wie die bedrohten Städte des Alten Orients?

Und trotzdem: Es gilt in gewisser Hinsicht auch für uns der Appell: „Macht hoch die Tür, die Tor macht weit …!"

Es muss Türen geben, durch die das Entscheidende, Gültige, Unvergängliche, Ewige zu uns kommt, durch die der Herr eintritt. Und es ist sicher so: In diesen Jahren, liebe Freunde, die Sie hier an der Pädagogischen Akademie verleben, geschehen entscheidende Prägungen fürs ganze Leben. Die Türen, die in diesen Jahren bei Ihnen aufgehen, bleiben wahrscheinlich ein ganzes Leben offen, oder sagen wir, sie bleiben wahrscheinlich höchstens angelehnt, so dass sie sich immer wieder rasch öffnen. Durch welche Tore kommt ER zu uns?

## Das Tor des Schweigens

Viele weise Menschen der Welt geleiten uns zu diesem Tor, von Laotse bis Ludwig Wittgenstein, dem Philosophen des Schweigens. In unserer Zeit brauchen wir den Hinweis auf dieses adventliche Tor deshalb in besonderer Weise, weil wir ein lärmendes Jahrhundert sind, eine Multiphon- oder Knallfroschgesellschaft, die die lauten Sensationen liebt. Dabei hätten wir Motivationen, vor dieses Tor des Schweigens zu treten, die noch eindrucksvoller sind als in früheren Zeiten. Ich erinnere nur daran, dass einmal Blaise Pascal ganz überwältigt und zutiefst ergriffen war vom Schweigen des Weltraums, von dessen Ungeheuerlichkeit wir eigentlich mehr angetan sein müssten, weil unser Geist auf den Lichtjahrmilliarden durch die endlosen Räume reitet. Es gibt ganz einfache Menschen, denen das Tor des Schweigens aufgegangen ist, und ich bin überzeugt, dass auch hier in der Kirche viele sind, die den Segen der Stille verspürt haben.

Wie heißt der Text aus den Weisheitsbüchern (Weish 18,14.15), der auf Weihnachten angewandt wird? „Als tiefes Schweigen das All umfing und die Nacht bis zur Mitte gelangt war, da sprang dein allmächtiges Wort vom Himmel."

## Das Tor des Staunens

Fast bin ich versucht zu sagen: Wer dieses Tor mit den Riegeln der Blasiertheit und der Indolenz versperrt hat, zu dem kann nicht nur Gott nicht kommen, der kann auch nicht zum Kind kommen. Staunen können ist die Voraussetzung für das Staunen-lehren-Können. Am Anfang aller großen Dinge der Menschheit steht das Staunen.

Der staunende Mensch anerkennt das Größere, das Überlegene, das Überwältigende, das Faszinierende und das Tremendum, das Erschütternde, das Heilige. Und darum ist für Atheisten das Staunen geradezu gefährlich. Es untergräbt die Fundamente ihrer Position.

*Advent in Schwaz*

Sie haben das wahrscheinlich auch in vielen Kinderzeichnungen gesehen, jetzt um die Weihnachtszeit, wie Kinder das Staunen der Hirten zeichnen. Das Staunen webt durch hundert schlichte Weihnachtslieder. Staunen ist eine Türe, durch die Gott in unsere Existenz tritt.

## Das Tor der Musik

Das Tor der Musik, wie das Tor des Schönen überhaupt, ist die Einfallspforte des *Mysteriums*. So wie wir durch die leuchtenden Glasfenster das Mysterium des Lichtes in einer ganz neuen Weise wahrnehmen, so ist das mit dem Kaleidoskop der Töne, das die Menschheit immer wieder schüttelt und immer wieder zu neuen zauberhaften Mustern bringt. Ich glaube, dass gar nicht gesagt werden kann, wie wichtig für einen Erzieher es ist, dass dieses Tor des Schönen für ihn aufgeht. Ein Psychotherapeut unserer Zeit hat einmal gesagt, dass den Menschen heute am meisten das *tröstende Mysterium* abgehe. Es gibt ja dieses tröstende Mysterium, aber die Tore dazu, die sind bei vielen verriegelt. Jede musische Welle rüttelt an diesem Tor, das ein rationalistisches Zeitalter vernagelt hat. Es ist kein Zufall, dass in der Erzählung der Heiligen Schrift der Himmel über Bethlehem zu musizieren beginnt.

Liebe Freunde, in diesen euren vielleicht entscheidendsten Jahren müssen die Tore aufgehen, die Tore, durch die das Wesentliche, Tragende, Entscheidende, Bestimmende, Ewige in eure Existenz hereinbricht, durch die Gott kommt.

So bleibt der dreitausendjährige Ruf immer noch aktuell: „Macht hoch die Tür, die Tor macht weit ...!"

# Rosen der Menschlichkeit

## MARIA IM ADVENT

Sie haben diese besinnliche Stunde unter das Thema des alten Advent-
liedes „Maria durch ein Dornwald ging" gestellt. Es ist ein dichterischer
Text. Er spricht poetisch, symbolisch vom Advent Mariens. Sie ist durch
keinen Dornwald gegangen, aber ihr Advent war alles andere als eine
Idylle. Sie hatte einen herben Weg durch die Monate seit der Verkün-
digung, die Zeit in Nazareth und die Übersiedlung nach Bethlehem.
Später hat die religiöse Kultur, die Kunst und die Musik besänftigenden
Zauber über ihren Advent geworfen. Die Realität war anders.

Der Text harmoniert nicht ganz mit unseren Wegen durch den
Advent. Wir gehen im Allgemeinen im Advent durch Stimmung,
Lebkuchen- und Kerzenduft, Kindererinnerungen und Christkindl-
märkte, süße Weisen und Adventskonzerte, erleuchtete Straßen und
Flimmerbäume, Einkaufspassagen und Schaufensterpracht … Ich
will niemandem die Freude an alldem verderben. Aber der Advent
unserer Gesellschaft verbindet sich für viele niemals mit dem Gedanken an einen Dornwald.

Aber hier im Sanatorium darf ich den Advent mit Ihnen, den
Frauen und Männern, den Ärzten und Schwestern feiern. Und da
gibt es sie doch, die Adventwegstrecke im Dornwald. Die Konfron-
tation mit dem belasteten Menschen, und trotz aller Hilfestellun-
gen, ärztlicher Kunst und allem medizinischen Fortschritt, in einem
Krankenhaus bleiben doch die Dornwaldzonen der Menschheit – in
Operationssälen, Bestrahlungszentren, Therapiestationen und Kran-
kenbetten blüht nicht nur adventliche Idylle im üblichen Sinn.

Sie sind konfrontiert mit den Dornwäldern der Schmerzen, der
bedenklichen und belastenden Diagnosen, dem Aufbäumen des Le-
benswillens gegen das Kranksein und so manche Enttäuschungen,
die schwer verkraftbar sind. Manchmal begegnen Ihnen die Dorn-

*Wintermorgen – Mariahilf Innsbruck*

wälder schwindender Hoffnung und der ungelösten Lebensprobleme im Hintergrund, des Glaubensverlustes, und heute gar nicht so selten die Dornwälder der Zeitkrankheit, der Depression, der Verdunkelung des Lebensgefühls, der krankhaften Negativstimmung. Ihr Beruf weiß von den Dornwäldern der Menschheit.

## Der blühende Dornwald

Aber eine andere Strophe dieses Liedes beginnt mit den Worten: „Da haben die Dornen Rosen getragen."

Es ist das ewige Gesetz des göttlichen Heils, dass es Dornen gibt und dass aus den Dornen Rosen blühen. Auch im Advent Mariens gab es die Stunde des Magnifikats, des Jubels über allem Elend des Daseins, über das Schwinden aller Bedrohungen und Unterdrücker und über den Sieg der Barmherzigkeit.

Das gilt auch für Ihren Beruf, der sich dem belasteten Menschen hingibt. Sie erleben doch auch die Rosen des Helfen-Dürfens und des Linderns, des Heilens und des Gesundwerdens, des ärztlichen Gelingens und der Dankbarkeit. Manchmal blüht aus dem Dornwald der Krankheit die Rose einer tieferen menschlichen Reife, einer etwas geänderten, zufriedeneren Einstellung zum Leben. Es blühen in diesem Haus die Rosen der Zuwendung, des Tröstens, des Linderns und der Geduld mit dem Schwierigen. Ich verkenne keineswegs die herbe Realität Ihres Dienstes, aber ist es bei aller Mühe und allem Stress in diesem Beruf nicht so, wie mir hier im Haus eine langjährig tätige Nachtschwester einmal gesagt hat: „Es hat mich nie gereut. Es war ein Leben voller Sinn."

Der Advent in einem Krankenhaus ist keine Traumreise, kein unbeschwertes Shopping, kein Schweben durch süße Melodien und der Tannenduft kann die sterilen Gerüche nicht einfach überlagern und verdrängen. Es geht streckenweise durch Dorngesträuch. Aber die Dornen können auch Rosen tragen, Rosen der Menschlichkeit und des gläubigen Vertrauens. Und diesen blühenden Dornwald wünsche ich Ihnen allen.

# Sein Ziel ist unser Herz

Es gibt in unserer heutigen Welt, in der alles organisiert, gemanagt, vervielfältigt, multipliziert und damit oft zur Massenware wird, eine Sehnsucht nach dem ganz Persönlichen, dem Individuellen, der Wahrung der Identität – einfach, weil uns die explodierende Informations- und Kommunikationstechnik überrollt, aber auch gleichzeitig an unserem Innersten mit lautem Betrieb und Getöse vorbeigeht.

Gerade in diesen Tagen erfahren wir: Alles Persönliche, von Herz zu Herz Gesagte oder Geschenkte macht Freude. Der selbstgemalte Weihnachtsengel, den mir eine Vierjährige überreicht hat, schlägt alle tollen Fotokunstkalender. Der Gruß, den mir die zittrige Hand einer Rentnerin schickt, berührt noch mehr als die aufwändigsten Glückwunschdrucke. Herzlichkeit und persönliche Zuwendung steigern den Wert aller Dinge.

Weihnachten hat nun einen gewissen Trend zur Intimität. Das liegt nicht nur am romantischen Winterwald und leise rieselnden Schnee, das ist nicht nur ein Produkt des wunderschönen Brauchtums und der überall erklingenden herzerfreuenden Musik – nein, Weihnachten ist von Anfang an, von seinem biblischen Fundament her angelegt auf das leise Innewerden eines gewaltigen tröstenden Geheimnisses. Weihnachten ist in die Stille hineingebettet. So heißt es schon im Buch der Weisheit (18,14.15) im Alten Testament:

> *„Als tiefes Schweigen das All umfing,*
> *und die Nacht bis zur Mitte gelangt war,*
> *da sprang dein allmächtiges Wort vom Himmel …"*

Dieses ewige Wort, dieser menschwerdende Sohn Gottes hat als Zielpunkt seiner Reise im All nicht das an sich bedeutungslose Nest Bethlehem, nicht den Stall und nicht die Krippe. Das Ziel seiner Reise, der eigentliche angepeilte Landeplatz ist unser Herz, deines und meines.

Die unendliche Liebe kann das: Sie kann Welten durchschreiten, Epochen eröffnen, Heilsgeschichte und Weltgeschichte schreiben und dabei doch für jeden Menschen ganz intim und persönlich bleiben. Gott kennt keine Massenveranstaltungen, die am Einzelnen vorbeigehen.

## Sein Landeplatz ist unser Herz

Ich habe schon in den Bergen einen Landeplatz für den Rettungshubschrauber vorbereitet. Da müssen große Steine beiseitegeschafft werden, man muss etwas planieren und legt mit hellen Steinen ein Kreuz aus, das von weit her sichtbar ist.

Wir sollten in der Stille dieser Heiligen Nacht auch einen Landeplatz für den großen Retter herrichten. Bei den Kyrierufen haben wir die Steine unserer Schuld beiseitegewälzt und wir legen in unseren Gebeten die Zeichen der Hoffnung und des Vertrauens aus.

Und er wird in unserem Herzen aufsetzen. So, wie die kreisenden Rotorblätter des landenden Rettungshubschraubers einen Wirbelwind erzeugen, der Schals und Mützen fliegen lässt, so setzt der Retter der Welt mit dem Wirbelwind des Heiligen Geistes bei uns auf. Dieser heilige Wirbel geht an keinem Menschen vorbei. Es gibt niemand, den die Gnade Gottes vergisst. Es kann sich jemand ganz verschließen, aber vergessen ist keiner.

Und wenn er bei uns landet, wenn wir ihn im Glauben und in der Liebe aufnehmen, dann wird das wahr, was die Engel auf den Fluren von Bethlehem singen, dann ist er da, der Friede auf Erden, der große Schalom. Schalom ist mehr als geglücktes Abkommen und Waffenstillstand, ist mehr als politischer Friede. Schalom bedeutet Geheilt- und Geborgensein in Gott.

Damit erreicht Weihnachten eigentlich jene Intimität, jene ganz persönliche Verbundenheit mit Gott, die durch eine verrückte Welt nie gestört werden kann.

# Die Stunde der enthüllten Geschenke

Der Weihnachtsmorgen ist die Stunde, in der zu Hause die vielen Verpackungen herumliegen, die Maschen und Bänder, die bunten Papiere und Tannenzweige. Es ist fast ein wenig schockierend, diese halbzerrissene Pracht zu betrachten, auf die so viel Sorgfalt und Liebe aufgewandt wurde und die nur so kurzfristig glänzen durfte.

Aber der Weihnachtsmorgen ist eben die Stunde der enthüllten Geschenke. Jetzt sind sie der weihnachtlichen Umhüllung entstiegen, die neuen Schuhe und Halstücher, die Bücher und Schallplatten, die Pullover und Krawatten, und jetzt werden sie ihren Dienst im Alltag antreten, ein Stück Begleitung unseres Lebens werden, Selbstverständlichkeiten, an die wir uns gewöhnen und die wir nicht mehr missen möchten.

Der Weihnachtsmorgen ist die Stunde der enthüllten Geschenke. Das gilt auch von der Botschaft, vom Geheimnis dieses Festes, das ja ebenfalls verhüllt zu uns gekommen ist. Verhüllt in der Armseligkeit eines Stalles, in der Schlichtheit dürftiger Gaben, im Schicksal eines zugewanderten Paares, das eigentlich am Rande der Gesellschaft war und von Randfiguren der damaligen Gesellschaft in Israel zur Kenntnis genommen wurde. Das Geheimnis der Weihnacht war in Armseligkeit verhüllt. Und später wurde es verpackt in eine sich entfaltende Weihnachtskultur, in die wunderbare Musik der Choräle und der alten Lieder, der Oratorien und der Turmbläser, und in den Zauber der Krippen und des Brauchtums.

Am Weihnachtsmorgen, in dieser Messe am Tag, wird das Geschehen im Stall und auf den Fluren von Bethlehem enthüllt. Im Evangelium des Johannes wird die kosmische Dimension, die welt- und heilsgeschichtliche sichtbar, hier weitet sich das Ereignis in den Tagen des Kaisers Augustus aus auf Anfang und Ende der Zeiten, hier beginnt der Scheinwerfer vom Stall aus zu kreisen, weit hinaus über

*Schneefall – Salzburg im Winter*

das Dunkel und das Böse in dieser Welt, weit hinein in die Verlorenheit und die Sehnsucht der Herzen und der Völker:

*„Im Anfang war das Wort,*
*und das Wort war bei Gott,*
*und das Wort war Gott …*
*Und das Wort ist Fleisch geworden*
*und hat unter uns gewohnt."* (Joh 1,1.14)

Mit diesem Evangelium beginnt das Universum zu singen.

In dieser Morgenstunde müssten wir versuchen, das große Mysterium des Heils auszupacken, hinter die Hüllen zu schauen, von jener Wahrheit sich ergreifen zu lassen, die uns dann durch den Alltag begleiten soll. Das Enthüllen der Geschenke Gottes, das wäre ja immer wieder die Aufgabe der Verkündigung. In einer Weltstunde, in der wirklich sehr oft der Glaube verzerrt und zerzaust wird, verniedlicht oder verfälscht, manchmal versteckt hinter dem, was eben nur Verpackung ist, ja manchmal eingewickelt wird ins kleinkarierte Verpackungspapier der Enge und des Unwichtigen, da müsste uns im Herzen die große Vision des Johannes wirklich wieder aufgehen, die Wahrheit, mit der wir leben können. Diese heißt:

*„Gott ist unser Bruder geworden.*
*Und Gott will, dass alle Menschen gerettet werden."*

Das ist sicher das Schönste, was dieser Welt je gesagt wurde. Und aus dem heraus wollen wir, mit unserer ganzen Armseligkeit und Begrenzung, zu leben versuchen.

# Kartenspiel am Silvesterabend

Heute habe ich einen etwas ungewöhnlichen Anknüpfungspunkt für eine Besinnung am letzten Abend des Jahres. Vor ein paar Tagen bin ich mit einem Bekannten ins Gespräch gekommen und die Rede kam auch auf den Silvesterabend, und er hat zu mir gesagt: „Weißt du, zu Silvester setzen wir uns zusammen und machen einen gemütlichen ‚Karter‘…" Diese an sich belanglose Bemerkung hat mich nicht mehr losgelassen, der Gedanke mit dem Kartenspiel am Silvesterabend hat mich weiter verfolgt. Wie wird es gemischt sein, das Kartenspiel der Zeit, das Kartenspiel meines Lebens, das Kartenspiel der Geschicke? Was werde ich in die Hand bekommen, was wird ausgespielt und was soll Trumpf sein – die Karte, die alle anderen sticht?

Bleiben wir für eine Viertelstunde bei diesem Kartenspiel der Zeit und der Geschicke und achten wir darauf, was als Trumpf ausgerufen werden soll.

## Eichel ist Trumpf!

Eichel war in Tirol seit eh und je die Symbolfarbe für das Negative, das Leid, das Unglück, den Misserfolg und die Enttäuschung. Nun werden wir alle im Kartenspiel des neuen Jahres auch Eichel vorfinden, der eine mehr, der andere weniger. Wir können die Eicheln nicht unter den Tisch verschwinden lassen. Sie sind im Spiel des Lebens. Aber Trumpf dürfen sie nicht sein. Weder das Böse noch das Leid ist die Karte, die sticht. Nicht einmal der Tod macht den letzten Stich. Sagt doch der heilige Paulus: „Tod, wo ist dein Stachel …?" Es gibt zwar viele Stimmen in unserer Zeit, die laut und leise sagen „Eichel ist Trumpf, diese Welt ist schlecht, die Gesellschaft ist schlecht, der Staat ist schlecht, alles ist schlecht wie die faule Birne auf der österreichischen Briefmarke." Aber lassen wir uns nicht von der Propaganda des Negativen und dem Geschäft mit der Angst überwältigen. Christus hat anders gesagt: „Habt Mut, ich habe die Welt überwunden …" Eichel ist nicht Trumpf.

## Schell ist Trumpf!

Das sagen manche und meinen den Trumpf, der alles sticht und dem alles andere untergeordnet werden muss: das Geld, die Wirtschaft, die Prosperität, das Ökonomische – Nun, geben wir es offen zu, wir haben alle ganz gern ein paar Schellen in den Karten und wir wollen Gott danken, wenn sie einigermaßen reichen. Das gilt vom Budget eines Haushalts bis zum Kirchenbudget. Manchmal sind die Schellen zu ungleich verteilt. Es gibt viele, die nur einen mageren Schell-Siebener in ihrem Spiel haben, und bei einigen fehlt er ganz. Ich weiß, dass man schnell mit der Antwort bei der Hand ist: Die sind selber schuld. So einfach ist das nicht. Ich weiß, dass man nicht wahllos Schellen streuen kann und dass mit Geld vieles gar nicht leicht gelöst werden kann. Aber ich muss offen sagen, ich fühle mich in meiner schönen, warmen Wohnung am Domplatz einfach nicht ganz wohl, wenn ich daran denke, dass es in diesen kalten Winternächten in unserer Stadt Obdachlose gibt. Weil ich selbst viele hundert bitterkalte Winternächte im Freien verbracht habe, weiß ich, was das heißt. Irgendeine Notlösung für diese Jahreszeit müsste uns auch für die Sandler einfallen.

Obwohl die Farbe Schell wichtig ist, Trumpf ist sie nicht. Sie ist nie die Karte, die alle anderen sticht. Geld ist nie der Weisheit letzter Schluss. Das sagt auch der Herr: „Was nützt es einem Menschen, wenn er die ganze Welt gewinnt, dabei aber sich selbst verliert und Schaden nimmt?" (Lk 9,25)

## Laub ist Trumpf!

Viele meinen heute, das Grün der Bäume und Gräser, die Schönheit der Schöpfung, die Reinheit der Luft, die Klarheit des Wassers, die bedrohte Umwelt seien die wichtigsten, drängenden Probleme der

Zeit. Wir zerstören Gottes Garten. Man kanns verstehen. Man muss nur, wie ich es getan habe, die Leute besuchen, die es zufällig getroffen hat, unter einer Autobahnbrücke zu wohnen. Man muss nur die Liste der aussterbenden Tierarten studieren. Man muss nur die Brühe anschauen, die sich an den alten deutschen Domen vorbeiwälzt und die man einmal als wunderschönen Rhein besungen hat. Auch der Heilige Vater hat in seiner Weihnachtsansprache von der bedrohten Umwelt gesprochen. Sicher müssen wir schauen, dass mehr Laub ins Kartenspiel der zivilisierten Welt kommt. Aber ist Laub der Trumpf, der alles sticht? Die Umwelt ist ein wichtiger Teilbereich des Lebens, aber ihre Bedrohung liegt tiefer, liegt in uns. Der große Biologe und Anthropologe Joachim Illies hat einmal geschrieben: „Die sterbenden Wälder und die stinkenden Flüsse zeigen nur an, was in uns stinkt und stirbt." Schon das erste Paradies hat ja die Fehlhaltung des Menschen zerstört. Darum – sicher muss Grün einige Farbstiche machen. Aber es ist nicht der Trumpf, der alles sticht. Christus hat gesagt: „Euch aber muss es zuerst um sein Reich und um seine Gerechtigkeit gehen; dann wird euch alles andere dazugegeben" (Mt 6,33). Wenn wir Trumpf ansagen, müssen wir ins ganz Wesentliche gehen und da bleibt nur mehr eine Farbe.

## Herz ist Trumpf!

Damit kommen wir der Sache näher. Wer das Herz am rechten Fleck hat, wird mit den Eicheln zurechtkommen; wer ein Herz für andere hat, wird die Schellen gut verwalten; wer ein Herz für die Schöpfung hat, wird für sie eintreten. Unsere Welt und Zeit ruft nach Herz. Man möchte Mütter und Väter mit Herz, Partner mit Herz, Lehrer mit Herz, Krankenschwestern mit Herz, Beamte mit Herz, Politiker mit Herz, Priester mit Herz. Wenn man es genau nimmt, ist vernünftige, verlässliche, hingebende menschliche Liebe die größte Sehnsucht der Zeit. Herz ist gefragt, auch im religiösen Bereich. Man muss nur schauen, wie sehr heute im kirchlichen Leben jene Dinge ansprechen, die ans Gemüt gehen. Wenn ich am Silvesterabend zu rufen wage: Herz ist Trumpf! – dann hat das noch einen tieferen Grund. Hinter dem Kartenspiel des Lebens, hinter Eichel, Schell und Laub, hinter den Siebenern und den Assen, die uns die Geschicke mischen, hinter dem Leben, der Heimat, der Welt taucht ein Herz auf, das Herz des Herrn, das die Mitte der Welt ist. Und von diesem gottmenschlichen Herzen heißt es: „Der Ratschluss des Herrn bleibt ewig bestehen, die Pläne seines Herzens überdauern die Zeiten. Er will uns dem Tod entreißen und in der Hungersnot unser Leben erhalten" (Ps 33,11.19).

Und darum ist Herz Trumpf, heute und morgen und immer.

Dieses Kartenspiel am Silvesterabend, das wir jetzt gespielt haben und immer wieder spielen werden, ist nicht nur eine kleine harmlose Unterhaltung, eine Tändelei, eine Zerstreuung. Es ist ein Spiel im Sinne jenes alten Liedes, von dem die letzte Strophe heißt:

*„Drum Schwestern, Brüder, schließt den Kreis,*
*das Leben ist ein Spiel.*
*Und wer es recht zu spielen weiß,*
*gelangt ans große Ziel!"*

# Die Karawanen der Weisen

## DREIKÖNIG

Mit dem Fest der Weisen aus dem Morgenland, der Erscheinung des Herrn, erfolgt ein Szenenwechsel. Ich meine damit nicht den Szenenwechsel auf unseren wunderschönen Tiroler Krippen, auf denen nun die prächtigen Karawanen der Könige die schlichte Schar der Hirten verdrängt. Ich meine, dass mit dieser Erzählung des Matthäus die Heilsgeschichte von der kleinen Provinzbühne Israels überwechselt auf die Bühne der Welt. In diesen paar Männern, die über die uralten Karawanenwege reiten, sind symbolisch Völker, Kulturen, Weltreligionen unterwegs. Das ist der große Szenenwechsel am Feste Epiphanie.

Hat dieses Ereignis auch aktuelle Bedeutung?

Sind die Karawanen der Weisen auch heute noch unterwegs?

Sie sind es. Und weil es für uns Christen wichtig ist zu sehen, dass diese Karawanen auch außerhalb der Kirche durch unsere Zeit und unsere Welt reiten, möchte ich auf einige dieser Karawanen hinweisen.

## Aufbruch zur Wahrheit

Da sind die Karawanen, die aufbrechen nach der Wahrheit. Wir haben ja ein sehr wissenschaftliches Zeitalter hinter uns. Man kann allgemein sagen: Nach einer zum Teil sehr selbstbewussten, von sich überzeugten und manchmal auch hochfahrenden Epoche der Wissenschaft sind wir eher in ein Zeitalter der demütigen Wissenschaft eingetreten. Bei manchen alten Wissenschaften wie der Astronomie oder der Physik muss man unter den Nobelpreisträgern die Ungläubigen suchen. Man weiß um die Grenzen des menschlichen Wissens. Und man weiß, dass Wissenschaft allein die menschlichen Probleme nicht löst. Im selben Augenblick, wo man sich in einer Wissenschaft seiner Grenzen bewusst ist, wird eigentlich schon die Karawane der Weisen gesattelt.

## Suche nach dem Sinn

Dann gibt es die unübersehbaren Karawanen derer, die aufgebrochen sind, den Sinn des Daseins zu suchen. Sie wollen nicht nur Wahrheit wissen, sie wollen etwas, für das es sich zu leben lohnt, das das Herz erfüllt, das das Leben reich macht. Man könnte hier viele Namen aus der modernen Literatur aufzählen. Aber diese Karawanen ziehen nicht nur durch die Buchhandlungen und Bibliotheken, man trifft sie im Leben, junge Menschen, die mit einer Welt des Konsums und des Habens keineswegs zufrieden sind. Denken wir nun einmal an die vielen schön gestalteten meditativen Bildbände, die nicht alle religiös sind. Aber sie laden ein zum Nachdenken, zum Sehen und Schauen in der Welt in einem tieferen Sinn, zum Verweilen, zum Verborgenen, zur Tiefe.

## Bildung des Gewissens

Denken wir an die Karawanen, die aufbrechen in Richtung Gewissen. Bei vielen Denkern unserer Zeit gibt es eine große Reserve gegenüber dem so genannten Fortschritt. Schon in den 1970er-Jahren haben Zukunftsforscher auf einer Tagung in München gesagt, die Bildung des Gewissens sei viel wichtiger als die Bildung des Wissens. Man sieht die ungeheure Macht und Verantwortung, die dem Menschen mit der Technik in die Hand gegeben ist. Was uns fehlt, ist sozusagen der moralische Führerschein für dieses dahinrasende Fahrzeug des technischen Fortschritts. Darum wird der Ruf nach dem Gewissen laut: in der Friedensbewegung, im Schutz des Lebens, im Ruf nach den Menschenrechten, in Amnesty International, in der Frage der Umwelt. Wer nach dem Guten fragt, wird früher oder später auf Gott stoßen.

## Organisationen, die helfen

Ebenso gewaltig sind die Karawanen, die aufbrechen zum Helfen. Ich rede jetzt nicht von dem, was in der Kirche geschieht, wir richten ja den Blick auf Bewegungen, die außerhalb der Kirche da sind. Es gibt eine Menge Organisationen, die sich in die Karawane der Helfer einreihen. Denken Sie nur an das Rote Kreuz, das Jugendrotkreuz, das SOS-Kinderdorf. Ich selbst bekomme oft Unterstützung von Organisationen, die das Helfen auf ihre Fahnen geschrieben haben. Ich denke an Lions, Rotary, die in unseren Altenstuben helfen, ich denke an Organisationen, die sich um Strafentlassene annehmen, ich denke an Organisationen für Behinderte, Gehörgeschädigte, den Blindenverband. Freilich muss man bei unbekannten, völlig privaten Organisationen manchmal vorsichtig sein, denn unter Helfer mischen sich auch Betrüger, die mit der Hilfsbereitschaft anderer ihr Geschäft machen wollen. Aber es sind Karawanen, die heute auf der Straße des Helfenwollens ziehen – aus allen Kontinenten, in allen Sprachen und Religionen. Wer aber in Liebe zum Menschen unterwegs ist, wird Gott nicht verfehlen.

## Aufbruch zum Frieden

Denken wir auch an die Karawanen, die aufbrechen zum Frieden. Selbstverständlich kann alles missbraucht werden, auch eine Friedensbewegung. Aber es gibt in diesen Demonstrationszügen und außerhalb von ihnen Unzählige, die es wirklich ehrlich mit dem Frieden meinen. Ich weiß nicht, ob die Zahl der Menschen sehr groß ist, die wirklich zutiefst den Krieg wollen. Die Zeiten der Heroisierung des Krieges sind wohl vorbei. Trotz aller Aufrüstung in der Welt gibt es auch gleichzeitig einen steigenden Widerwillen gegen Waffen, auch bei denen, die sie tragen, ja sogar hie und da gebrauchen müssen. Je klarer wird, was eigentlich zum Frieden führt und was der Mensch an innerer Reife gewinnen muss, damit es friedlich sein kann in der Welt, desto mehr denkt man nach über die Hintergründe des Hasses, der Feindschaft und der Gewalt. Umso näher kommt man zu dem, der der Friede ist.

Wir wollen den Herrn heute bitten, dass er den Vielen, die da aufgebrochen sind, seinen Stern erscheinen lässt.

# Verdrängte und gelöste Schuld

Wenn der Mensch den Weg in die Stille antritt, wenn er zulässt, auf sich selbst zurückgeworfen zu werden, wenn er die Spiele der Ablenkung einmal nicht mehr mitspielt – dann kann etwas eintreten, wovor wir uns alle fürchten: Aus der Seele kann die dunkle Wolke aufsteigen, die Wolke der ungelösten, verdrängten, dumpfen, belastenden und beschämenden Erfahrungen mit uns selbst – die Wolke der Schuld. Wir sollten sie ruhig aus den Tiefen des Herzens heraufkommen lassen, diese Wolke. Es ist zunächst an ihr ja so viel Ungeklärtes und Unnützes, weil es auch trügerische und kranke Schuldgefühle gibt. Aber dann wird doch das klar werden, was meine Verantwortung berührt – die echte Schuld.

Das Schuldigsein kann uns die eigene Fragwürdigkeit bestürzender zum Bewusstsein bringen als die Erfahrung der Vergänglichkeit. Auch daran sollten wir einmal denken, wenn wir die Asche des heutigen Tages auf die Stirn bekommen und die Worte hören: „Mensch, gedenke, dass du Staub bist …" In der Dichtung ist einmal vom „grauen, schuldigen Scheitel" die Rede. Heute betrifft uns dieses Wort alle, unabhängig von unserem Lebensalter.

## Die graue Dame Schuld

Wir leben in einer Zeit, die von der so heilsamen Begegnung mit der eigenen Schuld nichts hält. Wir möchten mit dieser grauen Dame „Schuld" in den oberen Stockwerken unseres Seelenhauses nicht zusammentreffen, am liebsten würden wir ihr überhaupt kündigen. Aber sie steht unter Mieterschutz. Wir können ihr höchstens eine Wohnung im Keller oder im Souterrain zuweisen, in den Etagen des Unbewussten oder Halbbewussten. Aber sie bleibt als ungeliebte Mitbewohnerin im Haus.

Die Gesellschaft hilft uns dabei, ihr nicht zu begegnen. Wir leben in einer Schuldverdrängungsgesellschaft, die bei uns die schon seit Kindertagen vorhandene Neigung verstärkt, nämlich andere zu beschuldigen und in möglichst schlechtem Licht zu sehen, alles rundherum immer wieder anzuklagen: Institutionen, Gesellschaft, Staat, Kirche, Schule, Mächtige, Große. Es tut so wohl, zumal ja immer etwas Wahres dabei ist und man sich mit gutem Grunde sagen kann, man lüge eigentlich gar nicht. Die Lust am Negativen ist wie Balsam für das eigene dumpfe Unbehagen, das die verdrängte Schuld in der lichtlosen Kellerwohnung bereitet. Jesaja hat nicht umsonst geschrieben, dass das ein Fasten sei, wenn du „auf keinen mit dem Finger zeigst und niemand verleumdest!" (Jes 58,9b). Und ein Sprichwort aus Kenia erzählt dieselbe Weisheit:

„Das Böse ist ein Hügel. Jeder steht auf seinem und zeigt auf einen anderen …"

Von dem süßen Trost, den die Schlechtigkeit der anderen bereitet, lebt eine ganze Industrie: das große Geschäft mit dem Skandal, die permanente so genannte schonungslose Demaskierung, die eifrige Berichterstattung derer, die nur in den Sümpfen der Menschheit forschen und ihre Streifzüge grundsätzlich in den Schattenhängen der Gesellschaft machen. (Ich möchte nicht wissen, wie viel Anteil am Erfolg der großen TV-Serien letztlich darin liegt, dass man hier so eindringlich vorgeführt bekommt, wie primitiv, gemein und gewöhnlich „die da oben" hinter der Fassade ihres Reichtums sind.) Diese Erkenntnis lässt eben die beruhigende, das eigene Gewissen beschwichtigende Stimme aufkommen: „Na, denen gegenüber bin ich doch ein hochanständiger Mensch!"

Das Erkennen der Schuld, die innere Läuterung, die Katharsis des Menschen ist ein immer wieder durchbrechendes Thema der Weltliteratur, von der Antike bis in unsere Zeit. Aber heute wird die personale Schuld doch auffällig oft überdeckt von der Nur-Anklage der Zustände, der Gesellschaftskritik, der Schwarz-in-Schwarz-Malerei des Umfeldes. Ich möchte hier keineswegs auf eine hinter-

*Die große Wolke*

hältige Art der für Gesellschaft, Staat und Kirche so notwendigen Kritik die Berechtigung entziehen und sie psychologisch diffamieren. Aber wenn dieser negative Affekt zur Monomanie wird, zum einzigen Thema, dann kann aus der scheinbar so hochmoralischen Empörung sehr leicht ein höchst unmoralisches Ablenkungsmanöver werden.

Das Buch Samuel (2 Sam 12,1–7.13) bringt das Thema von der verdrängten, auf andere projizierten und dann doch einbekannten Schuld zeitlos über die Jahrtausende. Wir kennen die Vorgeschichte: David ist zum Ehebrecher und Mörder geworden. Damit er Batseba, die Frau des Urija heiraten konnte, ließ er den Soldaten an die vorderste Front stellen, wo dieser den Tod fand. Und nun erzählt ihm der Prophet Natan das soziale Fallbeispiel von der Brutalität und Ungerechtigkeit des reichen Mannes. David ist sofort ganz Empörung, sittliche Entrüstung, rächende Nemesis (die strafende Gewalt des Schicksals): „Wer ist dieser Mann – er ist des Todes!" – *„Du bist dieser Mann!"*, sagt Natan.

Der Umgang mit der eigenen Schuld ist für uns alle nicht leicht. Wir machen nun einmal zu gerne die Spiele der Verdrängung mit, stecken die Frau Schuld in die dunkle Kellerwohnung. Es ist für uns so schwer, den Schlüssel umzudrehen und sie herauszubitten. Christus hat aber diesen Vorgang des Innehaltens, des Betroffenseins, der Ehrlichkeit, der Umkehr, des Einsehens, des Sich-Distanzierens von der – eigenen – Tat, der Reue und des Neuanfangs als *unabdingbar* für das Heil hingestellt. Und gleichzeitig hat er zu verstehen gegeben, dass er dieses Geschehen für die *größte moralische Leistung* des Menschen hält. So ist das Wort des Evangeliums zu verstehen: „Ebenso wird auch im Himmel mehr Freude herrschen über einen einzigen Sünder, der umkehrt, als über neunundneunzig Gerechte, die es nicht nötig haben umzukehren" (Lk 15,7). Und wo immer Christus auch nur einen Ansatz dieser Umkehr erlebt, wo ihm dieses Betroffensein begegnet, da ist er mit seiner ganzen vornehmen überwältigenden Güte da. Da bricht und blitzt bei ihm die sonst so verborgene Souveränität der unendlichen Allmacht durch: „Deine Sünden sind dir vergeben!" oder das herrliche Wort: „Heute noch wirst du bei mir im Paradies sein!".

## Schuld erkennen und bekennen

Es sind dies die ergreifendsten Stellen der Heiligen Schrift. Diesen wunderbaren Begegnungen von menschlichem Umkehrwillen und göttlicher Barmherzigkeit wollte Christus das Gesetz des „Immerwieder" aufdrücken. Diesen versöhnenden Handschlag Gottes und dieses befreiende Wort der Verzeihung wollte Christus nicht in der Geschichte verwehen lassen, wie eine tröstende Flötenweise auf den Hügeln Galiläas im Winde rasch verstummt – und darum schuf er das Sakrament der Umkehr. Und das wird immer der tiefste Sinn der Beichte bleiben: von unserer Seite her die mächtigen Mechanismen der Verdrängung aufzubrechen und die erkannte und bekannte Schuld in den Raum des Vertrauens hineinzutragen. Von der Seite Gottes wird dieses Sakrament immer die Quelle der strömenden, ganz persönlich zugesagten Verzeihung sein.

Es ist der Mühe wert, am Aschermittwoch und in den Tagen der Fastenzeit einmal die dunkle Wolke aufsteigen zu lassen und in den Straßenzügen unserer Seele nicht nur die Fassaden zu putzen.

So persönlich und unübertragbar dieser Vorgang auch ist, so sehr er zunächst den einzelnen Menschen angeht, so kann er dennoch zum Stein werden, der in den Teich der Umwelt, der Gesellschaft, der Geschichte fällt und dann weite Kreise zieht. Könnte man mit einem Blick auf die Hassideologien eines Hitler, Stalin oder Khomeini und ihrer persönlichen Hintergründe nicht sagen, dass verdrängte Schuld so etwas wie Dynamit der Weltgeschichte sei? Und könnte man mit einem Blick auf Petrus, Augustinus, Franz von Assisi und alle großen Gütigen der Menschheit nicht behaupten, dass gelöste Schuld ein Segen der Weltgeschichte sei, weil in ihrem Gefolge fast selbstverständlich die Milde gegenüber anderen einherzieht?

Es ist der Mühe wert, am Morgen des Aschermittwoch beim ungeliebten Thema „Schuld" zu verweilen und es auszuhalten. Denn über diesem bedrückendsten Thema unserer Existenz waltet letztlich die Liebe, selbst aus dieser Asche der Fragwürdigkeit kann Leben blühen, über dem grauen schuldigen Scheitel kann die Sonne aufgehen. Und wenn diese Tage der Fastenzeit vorbei sein werden, dann singt die Kirche am Karsamstag das Lied von der „Felix culpa", der seligen Schuld.

# Von der Versuchung des Schlafes

Wenden wir uns in dieser Besinnung am Gründonnerstag der letzten Szene des heutigen Tages zu, bevor der Vorhang fällt, um sich zum Drama des Karfreitags wieder zu heben. Gehen wir auf den Ölberg. Da sehen wir auf dem Stein den ringenden, betenden Christus, der auf der einen Seite die lastenden Schatten von Sünde, Hass und Tod vor Augen hat, und auf der anderen das Heil der Welt und den Willen des Vaters.

Und da sind die schlafenden Jünger.

Wir wollen bei diesen Jüngern bleiben, die da liegen, weggetreten sind, ausgestiegen aus der beklemmenden Wirklichkeit, der Versuchung des Schlafes erlegen, entrückt in die fremde Welt der Träume, dem Gebot der Stunde enthoben, jene Minuten versäumend, um die sie – zum ersten Mal – der Herr der Welt gebeten hat. Sonst ist er ja so oft allein fortgegangen, an die einsamen Orte, um zu beten. Diesmal hätte er sie gerne in wacher Verbundenheit bei sich gewusst.

Machen wir eine Besinnung über die Versuchung des Schlafes, jene Versuchung, die für alle Jünger gilt, auch für uns. Es gibt verschiedene Formen unheilvollen Schlafes.

## Der Schlaf der lähmenden Traurigkeit

Er mag für die Jünger an diesem Gründonnerstagabend vielleicht auch eine Rolle gespielt haben. Angesichts des dumpf Belastenden, das über diesem Abend lag, der warnenden Andeutungen und Anzeichen, des Heranbrandens der Stunde des Fürsten dieser Welt, dieser Stunde, die wie eine übermächtige, sich türmende Woge über das Meer der Zeit heranrauschte …, da war es doch verständlich, wenn man in Deckung ging, sich eine Nische suchte, wo man abschalten konnte, wenn man sich zur Flucht in die Welt der Träume wandte, um resignierend abzuschalten. Kennen wir sie nicht auch, diese Versuchung der lähmenden Traurigkeit? Die Versuchung, auf eine etwas billige Weise alle Probleme und Belastungen abzuschütteln, und mit einem Gefühl des Nicht-mehr-Mögens, mit dem Überdruss an täglicher Hektik, mit einem bedrückenden „Umsonst" auf der Seele, sich einfach abzuwenden in eine Scheinwelt? Kennen wir nicht den Augenblick, wo man nicht mehr mit Eifer und Ideen, mit Gebet und Ergebung auf die Situation reagieren möchte, sondern sich sozusagen geistig zur Wand dreht und sich sagt: „Ach, habt mich doch alle gern …!" – Wir kennen sie, die Versuchung des Schlafes der Resignation.

## Der Schlaf des Gewissens

Eine andere Versuchung ist der Schlaf des Gewissens. Es ist ein Geselle, der sich gerne niederlegt. Diese Welt singt dem Gewissen viele Schlaflieder und manchmal summen wir mit, Schlaflieder mit beruhigenden, ablenkenden, psychologisch fein durchdachten Texten und Melodien, die unter die Haut gehen. Das Gewissen schläft so gerne, dass wir ihm unbedingt von Zeit zu Zeit den Wecker stellen müssen. Wie ist das eigentlich mit unserer Übung des Sakraments der Umkehr? Wie ist das mit jener reinigenden Besinnung vor der Zelebration? Wie ist das mit jener Frage bei der Schriftlesung, der man so gerne ausweicht: Und was heißt das für mich? Der Schlaf des Gewissens ist doch die offene Tür für die Versuchung! An jenem Gründonnerstagabend hat doch der Herr gesagt: Wachet und betet, damit *ihr nicht in Versuchung fallet …!*

## Der Schlaf der Gefühllosigkeit

Dann gibt es den Schlaf der pastoralen Indolenz, den Schlaf der Gefühllosigkeit, den Verlust der seelsorglichen Sensibilität. Es kann uns doch so ähnlich gehen wie bei jenem Phänomen, bei dem uns ein Fuß, ein Arm, eine Hand einschläft – und wir verlieren den Tastsinn, wir spüren nichts mehr. Auch die Jünger am Ölberg haben dieses

Gespür, dieses Taktgefühl verloren. Sonst hätten sie doch spüren müssen, wie todernst im wahrsten Sinn des Wortes dem Herrn ist. Ihr Schlaf auf den Steinen des Gartens war ein Schlaf der Indolenz im wahrsten Sinn des Wortes, des Nicht-mehr-mit-dem-anderen-Fühlen-und-Leiden-Könnens. Der müde Verlust der Zuwendung. Der Schlaf der Rücksichtslosigkeit.

Es gibt eine Menge unerfreulichster Ereignisse in der Seelsorge, die mit dieser schläfrigen Gleichgültigkeit gegenüber den Gefühlen des anderen zu tun haben. Es gibt sicher Verletzungen, die unvermeidlich sind, weil nun einmal der Dienst Christi nicht nur in der Verabreichung von Streicheleinheiten besteht. Aber ich meine hier jene Peinlichkeiten, die massiv – und leicht vermeidbar sind. Die Art und Weise, wie wir Menschen in den sowieso emotionsgeladenen Lebenssituationen begegnen, die für die Menschen den Charakter der Einmaligkeit haben, für uns zur Routine werden: die Stunde der Taufe, der Sakramente, die die Kinder empfangen, der Hochzeit, der Krankheit, des Todes, die Fragen der Pietät … Die Art und Weise, wie wir uns in schwierigen und peinlichen Situationen verhalten, wenn es die notwendige Verweigerung eines kirchlichen Begräbnisses gibt, oder um die Nichterlaubnis einer kirchlichen Zeremonie bei einer zweiten Eheschließung, an der wir nicht vorbeikommen.

Es hängt so viel vom Takt ab, mit dem wir die Dinge behandeln. Und wie oft gibt es in einer Pfarre Verstimmung und Beleidigung und dann geistiges Wegtreten wegen gewisser Kleinigkeiten, die überhaupt in keinem Verhältnis zu den Folgen stehen, die sie mit sich bringen. Wenn uns der Schlaf der Indolenz übermannt, dann fangen wir an, die Menschen vor den Kopf zu stoßen, dann werden wir unfähig, auch nur irgendwie nachzuvollziehen, was in anderen vor sich geht. Wir vergessen, dass Kirche heute ein Ort der Menschlichkeit sein muss, bei aller Konsequenz im Grundsätzlichen. Gott bewahre uns vor dieser Abstumpfung des Gefühls, dem Schlaf der pastoralen Indolenz. Wir können mit ihm viel verschlafen.

## Der Schlaf des Geistes

Eine weitere Versuchung ist für uns der Schlaf des Geistes. Im Buch der Sprichwörter (23,34) lesen wir den Satz: „Du bist wie einer, der auf hoher See schläft, der einschläft über dem Steuer des Schiffes." Wahrscheinlich ist uns unbekannt, dass schon die Heilige Schrift das Problem der Fernfahrer anspricht. Mit dem Schlaf über dem Steuer ist die Haltung jenes Menschen gemeint, der es aus Bequemlichkeit verabsäumt, sich zu orientieren. Das heißt für uns: Wir müssen lesende und studierende Menschen bleiben. Wir müssen Altes und Neues aus dem Schatz hervorholen. Wir können nicht wie die Kamele durch die Wüste der priesterlichen Tätigkeit ziehen, ich meine, wie die Kamele, die sich in den Jahren des Studiums einen Höcker anfressen und dann mit dem gespeicherten Fett für die Zeit der Karawane auskommen. Wir kommen mit dem Höcker aus den Studienjahren nicht aus. Das geht in keinem Beruf, schon gar nicht in einem Beruf mit geistiger Verantwortung. Wir werden sonst über dem Steuer einschlafen. Wahrscheinlich müssen wir uns hinsichtlich der Weiterbildung in unserer Diözese einige Gedanken machen. Wenn wir nicht geistig wach bleiben, dann wird uns ganz sicher eines Tages von der Gesellschaft sozusagen der Führerschein abgenommen, weil wir über dem Steuer eingeschlafen sind.

Liebe Mitbrüder – das sind unsere Versuchungen: der Schlaf der lähmenden Traurigkeit, der Schlaf des Gewissens, der Schlaf der Gefühllosigkeit und der Schlaf des Geistes. Ihr wisst, wie ich es meine, und ich meine es auch für mich persönlich. Natürlich gönne ich euch den Schlaf. Nur sollte er von dieser Art beschaffen sein, von der im Hohen Lied der Liebe (5,2) ein wunderbares Wort steht, das Wort des liebenden Menschen, mit dem ich schließen möchte: „Ich schlief, doch mein Herz war wach …"

# Das Sterben Christi

Es gibt heute viele schöne Meditationsbücher mit herrlichen Fotos. Ich weiß, dass in pädagogischen Werken über die Verwendung von Bildern geschrieben steht, dass Meditationsbilder einen positiven, heilenden Inhalt haben sollen. Das schockierende Bild holt nicht in die Besinnung, es rüttelt nur auf.

Heute, in dieser Stunde des Karfreitags, führt uns die Kirche vor den gekreuzigten Herrn. Ist es nicht eine Zumutung, bei einem so schockierenden Bild, bei einem so schrecklichen Geschehen zu verweilen? Sind wir nicht froh, wenn im Fernsehen eine grausige Szene möglichst bald verschwindet? Und doch sind wir zum Verweilen eingeladen. Der gekreuzigte Christus ist zum häufigsten Meditationsbild der Christenheit geworden. Sagt er mehr aus als Schrecken, Sadismus, Tragik des Scheiterns?

Was hat das Sterben Christi für eine erlösende Aussage?

## Das Sterben Christi wird zur Offenbarung

Von seinen wenigen Worten, die er als Sterbender gesprochen hat, sind zwei Worte der Klage, eines über den äußeren Schmerz: „Mich dürstet!" und eines über den inneren: „Mein Gott, mein Gott ..." Beide sind gleichzeitig Erfüllung jahrhundertealter Weissagung. Dann gibt es ein Wort liebender Sorge, an Johannes und an die Mutter: „Frau, siehe deinen Sohn, Sohn, siehe deine Mutter!" Dann folgen zwei wunderbare Worte der Verzeihung: „Vater, verzeih ihnen, denn sie wissen nicht, was sie tun" und „Heute noch wirst du bei mir im Paradies sein". Und dann gibt es noch ein Wort inniger Verbundenheit mit dem Vater: „In deine Hände befehle ich meinen Geist." Schließlich noch ein Wort, in dem sich die Vollendung ankündigt, in dem etwas vom Siege schwingt: „Es ist vollbracht!" – das Werk der Erlösung.

*Bergkreuz*

Alles zusammengefasst: Es ist die größte Offenbarung der Liebe, die trotzdem liebt: trotz Hass, Ablehnung, Dummheit, Primitivität, Unverständnis, Feigheit, Verkanntsein.

Dieser Christus, der so ergreifend stirbt, hat am Abend vorher noch gesagt: „Philippus, wer mich gesehen hat, hat den Vater gesehen …" Wer also diesen sterbenden Christus anschaut, der so menschlich, so gütig, so großzügig, verstehend und hingebend ist – wer diesen Christus sieht, der weiß, *wie Gott ist*. Gott, der sonst im undurchdringlichen Dunkel wohnt: So ist er. Das tiefste Geheimnis der Schöpfung, des Weltalls wird die unendliche Liebe sein, die trotzdem liebt.

Darum muss unsere schwache Art, christliche Liebe in der Welt zu üben, auch immer ein Zeugnis abzulegen versuchen für die Liebe, die trotzdem liebt. Darum ist christliche Liebe keineswegs einfach die große Sympathiewelle, das „Seid umschlungen, Millionen"; sehr oft hat die christliche Liebe einen recht nüchternen Charakter. Liebe, die trotzdem liebt, muss Gefühlsbarrieren durchstoßen, muss ein wenig Eisbrecher sein, muss sich auch dem weniger sympathischen Zeitgenossen, dem Außenseiter, zuwenden. Denken wir nur daran, wie schwierig eine helfende Einstellung dem Rauschgiftsüchtigen gegenüber ist, dem schwierigen Partner, dem Haltlosen, dem Rückfälligen, dem Strafentlassenen, dem undankbaren Patienten, dem uneinsichtigen Diskussionspartner, dem anonymen Briefschreiber, der mich mit Beschimpfungen überschüttet. Die Liebe, die freudig liebt, ist wie Musik im Leben; die Liebe, die trotzdem liebt, kann ein recht nüchterner Takt sein. Aber sie ist das Größere.

## Ein Trost für uns

Zum Zweiten wird das Sterben Christi für uns ein Trost. Ich meine das in Hinsicht auf unseren Tod. Der Tod ist auf der einen Seite ein Thema, das ständig verdrängt wird, auf der anderen lässt es dem Menschen doch keine Ruhe: Es gibt eine große Literatur zur Frage des Todes, und die Wissenschaft hat eine eigene Sparte dafür aufgemacht, die Thanatologie. Man kann sich an den Tod nicht gewöhnen, nicht einmal dann, wenn man Zehntausende von Toten liegen gesehen hat – es ist doch so, dass er das Dunkel und das Rätsel bleibt. In dieser Woche bin ich von der Straße zu einem Toten geholt worden, der droben in seiner Wohnung zusammengesunken dagelegen ist, die verstörten Angehörigen waren dabei. Durch das offene Fenster ist der Lärm der Straße gedrungen, Musik, spielende Kinder. Er ist doch immer wieder eine bange Frage, der Tod.

Das Sterben Christi ist ein großer Trost: Der Sohn Gottes ist in dieser Stunde des Karfreitags der Bruder aller Sterbenden geworden. Er wird in seiner Liebe für keine Stunde mehr Gnaden bereitstellen als für die Stunde des Todes. Darum sollten wir heute auch einmal unsere letzte Stunde dem Erlöser am Kreuz anvertrauen. Er wird zu keiner Zeit im Leben mehr unser Bruder sein als im Sterben, weil er weiß, wie sehr wir ihn da brauchen. „Wenn ich einmal sollt' scheiden, so scheide nicht von mir …"

Das Sterben Christi wird zur Offenbarung, das Sterben Christi wird zum Trost. So wollen wir still und dankbar in dieser Karfreitagsstunde bei ihm verweilen.

# Der verräumte und
## wiederentdeckte Auferstandene

OSTERN

Vor einigen Jahren habe ich in einer kleinen, abseits gelegenen Berg-kirche Südtirols einen Fund gemacht. In einem alten Kasten, hinter allem möglichen Gerümpel, hinter abgebrannten Kerzen, zerbroche-nen Leuchtern, verstaubten Papierblumen und vielen Spinnweben stand in einem dunklen Winkel ein wunderbarer Auferstandener aus der Barockzeit. Ich habe ihn herausgeholt und auf den kleinen Altar der Kapelle gestellt, und durch das runde Westfenster der Kapelle ist das Licht der Abendsonne gefallen. Er war wirklich wunderschön, ganz Leichtigkeit und Freude, wie einer, der alle Last der Welt ab-gestreift hat. Der Schnitzer muss ein tiefgläubiger Mensch gewesen sein.

Ich hoffe, dass dieses so kostbare Kunstwerk heute besser aufge-hoben ist. Dieser Auferstandene im alten Kasten geht mir nicht aus dem Sinn, er ist mir zum Sinnbild geworden. Durch zweitausend Jahre hindurch wird der Auferstandene weggeräumt, lieblos in ir-gendwelche Kästen und Kisten, in Schachteln und Schubladen ge-zwängt.

Es war ja von Anfang an nicht leicht, an ihn zu glauben. Er war ein Zeichen des Widerspruchs. Und schon gar in unserem Jahrhun-dert, in einer Welt der Aufklärung und des Rationalismus hat man ihn schlichtweg als eine Zumutung empfunden, ein naives Über-bleibsel aus Zeiten, in denen der menschliche Geist eben noch eine schwache Funzel war und nicht so ein großartiger Nebelscheinwer-fer, der Computer und Elektronenmikroskope entdeckt hat. Und so begann in unzähligen Büchern und von vielen Kathedern das Wegräumen:

„Er ist ein Schwindel, ein Betrugsmanöver", sagen die einen, „er ist ein Wunschtraum, ein Phantom, eine Halluzination. Sie hätten es gerne gehabt, dass er auferstanden wäre, und am Schluss haben sie es selber geglaubt. Er ist nur eine literarische Gestalt, so eine Art Leitfigur, ein religiöses Maskottchen, das daran erinnern soll, dass die Sache Jesu eben weitergeht, so ein Zeichen, dass die Firma nicht Pleite gemacht hat." „Nein", sagen andere, „er ist ein Mythos, so etwas wie ein Ableger irgendeiner Frühlings- oder Sonnengottheit." „Stimmt nicht", erklären wiederum andere: „Er ist ein PSI-Phänomen, ein objektiver Spuk, ein parapsychologisches ‚Ich-weiß-nicht-was'." Es gibt immer neue Kästen und Schubladen, wenn man ihn eben nicht akzeptieren will. Es ist nicht möglich, hier auf alle einzugehen. Bei einem „Wegräumungsversuch" möchte ich kurz verweilen.

## Christus – eine Osterlegende?

„Er ist eine Legende. Eine fromme, erfundene Geschichte. Es gibt ja so viele derartige Geschichten von heiligen Menschen, fantastische und lehrreiche. Er ist also irgendwo einzuordnen zwischen dem Drachen des heiligen Georg, dem heiligen Christophorus, der das Kind durch den Fluss trägt, oder dem Bären des heiligen Romedius."

Weil das Wort von der Osterlegende heute so schnell gebraucht wird, möchte ich nur an zwei Bedenken erinnern.

Zum Ersten ist noch nie jemand dafür gestorben, dass er den Drachen des heiligen Georg schnauben gehört oder den heiligen Christophorus im Fluss beobachtet oder den Bären des Romedius brummen gehört hat. Für Legenden stirbt man nicht. Aber für das Zeugnis, dass sie den Auferstandenen gesehen, mit ihm gesprochen, ihn berührt und mit ihm gegessen haben, ist eine ganze Reihe hochqualifizierter Menschen gefoltert worden bzw. in den Kerker und in den Tod gegangen.

Und zum Zweiten: Legenden sind Blümlein, die recht spät an den Gräbern großer Menschen blühen. In der Weltliteratur weiß man, dass Sage und Legende im Allgemeinen eine Distanz von drei Erzählergenerationen brauchen, also etwas über hundert Jahre. Die fromme Fantasie kann keine anwesenden Augenzeugen brauchen. Aber die Botschaft von der Auferstehung ist wie eine brennende Fackel mitten in die Zeitgenossen geflogen. Sie war der Mittelpunkt der Botschaft, von Anfang an. Die Botschaft von der Auferstehung begann nicht so, dass hundert Jahre nach Christus eine fromme Oma den lauschenden Kindern erzählt hat „Es war einmal ein Ostermorgen". Nein, es war so, dass die Fischer vom See Genezareth kurze Zeit nach dem Tode Jesu vom Hohen Rat Jerusalems höchst offiziell zur Prügelstrafe verurteilt wurden. Der Zeitabstand für Legendenbildung war zu knapp. Ihr seht da droben die Kerzen vor dem Bild des Märtyrerpfarrers Otto Neururer brennen. Wenn heute einer daherkäme und wollte über das Begräbnis dieses Mannes Legenden erzählen, werde ich ihm heimleuchten – ich war nämlich dabei. Und als die Evangelien schriftlich zu Faden geschlagen wurden, war seit den Ereignissen um den Tod Jesu gerade so viel Zeit vergangen wie seit dem Tode Neururers: eine Erzählergeneration. Vor wenigen Tagen ist ein Mann, der neben ihm im KZ lag, bei mir gesessen. Das ist nicht die Atmosphäre für Legenden. Ich habe Verständnis dafür, dass der Glaube an den Auferstandenen nicht leichtfällt. Christus selbst hat zu Thomas acht Tage nach Ostern gesagt: „Selig sind, die nicht sehen und doch glauben." – Aber bei der Legende ist der Auferstandene nicht einzuordnen. Es ist auch nur einer der vielen Kästen, in die man ihn verräumen will.

Der Glaube an den Auferstandenen ist sicher keine Selbstverständlichkeit, aber das ist das Wunderbare: Man mag den Auferstandenen wegräumen, wie oft, wie plump oder wie raffiniert man will – er steht immer wieder auf, nicht nur aus dem Grab, sondern auch aus allen Kästen und Kisten, Schachteln und Schubladen, in die ihn eine gewisse Art von Wissenschaft beiseiteschaffen will.

Er ist die Mitte der Botschaft, das Fundament der Erlösung, der Grund allen Hoffens.

Bleibt zum Schluss nur noch die Frage, ob nicht auch wir ihn ab und zu verräumen, den Auferstandenen. Hinter den abgebrannten Kerzen unserer schwachen Frömmigkeit, hinter den zerbroche-nen Leuchtern christlicher Lebensordnung, hinter den Papierblumen unserer primitiven Wünsche, hinter den Spinnweben unserer Gleichgültigkeit. Wenn es so wäre, dann ist es Zeit, dass wir ihn heute herausholen aus den dunklen Winkeln der Seele, ihn auf den Altar des Herzens stellen und das Licht dieser festlichen Stunde darauf fallen lassen, ihn anschauen und uns durchströmen lassen vom Vertrauen in ihn, der gesagt hat: „Seid getrost – ich habe die Welt überwunden."

# So sehr hat Gott die Welt geliebt

## Ostern

Es gibt eine alte Überlieferung in der Kirche, dass die Predigt am Ostersonntag kurz sein soll. Damit ist sicher nicht eine Bagatellisierung des Wortes Gottes und der Verkündigung ausgedrückt, sondern etwas anderes. Das Geheimnis von Ostern sammelt alle Strahlen des sich offenbarenden Gottes auf einen Punkt, so wie ein Brennspiegel die Glut der Sonne zusammenbündelt. Und so verlangt Ostern die Konzentration der Heilsbotschaft. Das entbehrt nicht einer gewissen Aktualität in unserer Zeit, in unserem religiösen Leben und in unserer Kirche. Wir bewegen uns zu oft in Seitenproblemen und Randfragen, im isolierten Detail und weniger Wichtigen. Wir brauchen ihn notwendig, den Brennspiegel des österlichen Mysteriums.

Was ist denn der innerste Sinn, die innerste Dynamik des Universums?

Darüber könnten wir als winzige Ameisen am Rande des Weltalls wahrhaftig nichts aussagen, und alle unsere Spekulationen wären eine Anmaßung. Aber der Unendliche hat die Gedanken seines Herzens mitgeteilt und in einem nächtlichen Gespräch hat Gottes Sohn zu Nikodemus, der für alle Zweifler und Sucher steht, gesagt: „Denn Gott hat die Welt so sehr geliebt, dass er seinen einzigen Sohn hingab, damit jeder, der an ihn glaubt, nicht zugrunde geht, sondern das ewige Leben hat" (Joh 3,16).

Damit ist das innerste Geheimnis des Universums, der Geschichte und des einzelnen Lebensschicksals angedeutet.

Die große Weltgeschichte und die kleine unseres Lebens erfassen wir auf dieser Erde wie die Rückseite eines aus vielen Fäden, dunklen und hellen, gewobenen Teppichs. Man kann das Muster ahnen, aber es wird nicht ganz deutlich. Es ist zu viel Verwirrendes und Ungereimtes da, das wir nicht zusammenordnen können. Aber Gott webt am großen Teppich, und wenn jener Tag kommt, den wir das Jüngs-

*Hofgarten – Ostern*

te Gericht nennen, wird der Teppich gewendet, und dann wird alles klar sein: Gott hat vom ersten Atom bis zur letzten Stunde nur an einem Muster gewoben: *der Entfaltung seiner wogenden Liebe*. Und sogar die dunklen Fäden, die Wirklichkeit des Leids und des Bösen, werden letztlich nur diesem Muster dienen. Denn es wird sich herausstellen, dass Gott seine Schöpfung nicht nur geliebt, sondern dass er sie *trotzdem* geliebt hat, trotz der Verweigerung, trotz der Sünde. Und die Trotzdem-Liebe ist die größte: „So sehr hat Gott die Welt geliebt, dass er seinen eingeborenen Sohn hingab …"

Darum sammelt Ostern alles Lieben und Sorgen, alles Schaffen und Werden, alle Dynamik Gottes auf einen Punkt: auf diesen Sohn, der aufersteht. Damit kommt die verschenkende Liebe Gottes zum befreienden Durchbruch. Dieser Sohn ist die Mitte der Geschichte, der Anfang und das Ende, der Sinn und der Sieg. Die Liebe Gottes scheitert nicht, weder in den großen, verwirrenden Schattenseiten der Menschheitsgeschichte noch in den bedrückenden Lasten und Irrwegen meines Lebens.

Dieser Glaube muss hinter unserem Alleluja stehen.

# Der Heilige Geist und das Auto

## PFINGSTEN

Immer, wenn ich von den tiefsten und überwältigendsten Wahrheiten unseres Glaubens sprechen soll, stoße ich auf diese Schwierigkeit: Ich spüre das ganze Unvermögen meiner Sprache. Ich fühle mich an den Grenzen meines Denkens und meiner Mitteilungsmöglichkeit. Und doch soll ich die Botschaft weitersagen, dass sie da und dort ankommt. So geht es mir jetzt: Wie soll ich von dem reden, der alles erfüllt und alles bewegt – dem Heiligen Geist? Mit dem Blick auf das Vorbild unseres Herrn wage ich es, auf die Suche nach Bildern und Vergleichen in unserer Lebenswelt zu gehen. Es war auf der Heimfahrt von einer Firmung, am späten Abend, durch das nächtliche Land. Da hat sich in mein Sinnen über den Geist Gottes das Auto in die Meditation gedrängt.

## Der Scheinwerfer der Weisheit

Das Erste, was mich bei der Fahrt durch die Nacht an den Geist erinnert hat, war der Scheinwerfer. Er tastet sich voraus, auch wenn vieles rundherum dunkel bleibt. Aber er erhellt die Straße, macht Mittelstreifen und Randlinien sichtbar, lässt die Reflektoren der Randsteine aufglühen und mit ihnen auch Kurven erfassen, die näher kommen. Er macht die Rücklichter von Fahrrädern erkennbar, die noch auf dem Weg sind. Der Scheinwerfer lässt Orientierungs- und Warntafeln aufleuchten, Abzweigungen und Stoppschilder. Mit anderen Worten: Der Scheinwerfer hilft mir, das zu erfassen, was ich brauche, um ans Ziel zu kommen.

Erkennen, was notwendig ist, um ans Ziel des Lebens zu kommen, so könnte man das große Geschenk des Geistes, die Weisheit, definieren. Die Weisheit ist viel mehr als das kreisende Licht des Wissens, das eifrig und unablässig Informationen sammelt, Berge von Daten, die unsere grauen Zellen gar nicht mehr bewältigen. Die Weisheit aber umschließt die Gabe des Werterkennens und der Werterfahrung und konzentriert uns auf das, worauf es ankommt. Und so müssen wir auf diesen Scheinwerfer vertrauen, dass wir die Straßenrichtung des Herrn erfassen, die Leitlinien seiner Weisung, die Leuchttafeln seiner Botschaft, die Reflektoren seiner Gebote, die den Rand zum Bösen markieren. In der Weisheit erkennen wir die Rückstrahler anderer, die auch auf dem Weg sind und die wir nicht überfahren dürfen in ihren Sorgen, Unsicherheiten und Sehnsüchten. Und die Weisheit lässt in den weitreichenden Strahlen des Scheinwerfers von weitem schon Kurven erkennen, will sagen, notwendige Veränderungen – nicht in der Tiefe der Botschaft, aber in der Sprache, den Akzenten und den menschlichen Ordnungen, die nicht für ewig sind. Wie oft ist man in starrem Ultrakonservativismus stur geradeaus gefahren und im Straßengraben der Heilsgeschichte gelandet!

Das Geschenk der Weisheit ist nicht gleichzusetzen mit der Höhe des Intelligenzquotienten oder dem Erwerb akademischer Grade. Ich habe diesen Scheinwerfer des Heiligen Geistes so oft bei sehr einfachen Menschen angetroffen, die mit ihrer ganzen Existenz die tragenden Werte des Daseins erfasst haben. Jesus hat nicht umsonst gebetet: „Ich preise dich, Vater, … weil du all das den Weisen und Klugen verborgen, den Unmündigen aber offenbart hast" (Lk 10,21).

Das Großartige dieser Gabe des Geistes ist, dass sein Scheinwerfer sich auf das Wesentliche konzentriert, nicht auf das Zweit- und Drittrangige, sondern auf den, der gesagt hat, dass seine Worte nicht vergehen. Darum kann man nur beten, dass auf allen Fahrzeugen der Ökumene diese Scheinwerfer des Geistes montiert werden.


## Die Klimaanlage der Menschlichkeit

Das Zweite, was mich beim Blick auf den Heiligen Geist im Auto nachdenklich werden ließ, war die Klimaanlage.

Sie werden vielleicht denken, dass derartige technische Vergleiche im religiösen Bereich problematisch sind. Aber ich entferne mich nicht

*Innsbruck – Hofburg*

von der Schrift. Der heilige Paulus hat die Klimaanlage des Heiligen Geistes im Brief an die Galater (5,22) sehr schön beschrieben: „Die Frucht des Geistes aber ist Liebe, Freude, Friede, Langmut, Freundlichkeit, Güte, Treue, Sanftmut und Selbstbeherrschung …" Wir könnten gleich modern verdeutlichend ergänzen: Einfühlungsvermögen, Empathie, Verständnis, Solidarität, Kollegialität, Hilfsbereitschaft, Kooperation, Verlässlichkeit, Diskretion, nicht verurteilendes Denken …

Wir wissen alle aus unseren Lebensbereichen, was es bedeutet, wenn diese Einstellungen das Klima einer Gemeinschaft bestimmen – sei es nun in einer Schule, einem Pfarrgemeinderat, Mitarbeiterstab, Konferenzzimmer, kirchlichen Gremium, in einer Diözese, in einer ökumenischen Zusammenarbeit. Wenn die Klimaanlage des Heiligen Geistes eingeschaltet ist, sind zwar nicht alle Probleme beseitigt, aber alles ist leichter zu bewältigen. Es ist jene Atmosphäre, die von einem Ja zum anderen Menschen gekennzeichnet ist und in der man mit Freude arbeitet und arbeiten lässt. Das Klima des Heiligen Geistes wird gestört durch Unfähigkeit zur Einfühlung, hintergründiges Misstrauen, Intrige, autoritäre Bevormundung und geheime Netze der Überwachung. Die Klimaanlage des Heiligen Geistes verbreitet ein Flair von Milde, Menschlichkeit und Vertrauen. Ich vermute, dass Ihnen allen das Leben diese Tatsachen genauso bestätigt wie mir. Es ist wie im Auto – ohne Klimaanlage wird die Fahrt im Winter wie in der Sommerhitze belastend. Wir können den Heiligen Geist nur bitten, dass wir die Schaltknöpfe seiner Anlage in der rechten Weise bedienen, soweit es auf uns ankommt.

## Die Zündkerze der Liebe

Die Heilig-Geist-Meditation im Auto hat mich noch bei einem dritten Punkt verweilen lassen: bei der Zündkerze. Das ist also die Stelle, die den Motor in Bewegung setzt. Es ist nach dem Zeugnis der Schrift immer so, dass Gottes Geist den Motor des Heils in Bewegung setzt. Er ist immer der, der uns zuerst liebt: „Ohne mich könnt ihr nichts tun", hat der Herr gesagt.

Aber ich möchte das Bild von der Zündkerze im Zusammenhang mit dem Wirken des Geistes in Kirche und Welt noch etwas pointierter fassen, mit dem Blick auf ein besonderes Geschenk, das wir so nötig haben: Ich meine den Funken des Schöpferischen in der Christenheit.

Sogar im Bereich des Humanwissenschaftlichen bleibt die Kreativität etwas Geheimnisvoll-Rätselhaftes. Man kann sie beschreiben, man kann günstige Bedingungen für sie ausmachen (wozu übrigens das eben erwähnte Klima gehört), man kann von ihrer großen Bedeutung in Bildung und Leben sprechen. Aber sie ist nicht einfach machbar. Ich kann mich nicht hinsetzen und sagen: „Nun sei einmal schön schöpferisch ...“. Sie behält, auch im Bewusstsein des großen Künstlers, den Charakter des Geschenks, des Überraschenden und Nicht-Kanalisierbaren. Auch in der Heilsgeschichte und dem Leben der Kirche ist dieser schöpferische Funke des Geistes immer im Bereich des Unberechenbaren – wie im Spiel der Evolution in der Schöpfung. Auf einmal blitzt eine religiöse Idee auf, ein Gedanke, ein Einfall, eine pastorale oder soziale Initiative, die in der Epoche den Nagel auf den Kopf trifft. Der Plan zu einem Konzil, mit dem Johannes XXIII. seine ganze Umgebung überrascht und manche geschockt hat, gehört hierher wie die spirituelle Bewegung von Taizé, die Hospizbewegung, die um die Würde des Sterbens bemüht ist, und alle Bemühungen, sich den Katastrophen der Erde entgegenzuwerfen. Und die Zündkerze des Geistes flammt in der frommen Melodie Johann Sebastian Bachs auf und in der Psalmenübersetzung Martin Bubers. Der schöpferische Funke des Geistes überspringt amtliche Ordnungen und Dienstwege, kennt keine Einbahnstraßen, überschreitet konfessionelle Grenzen. Seine Spielwiese ist das All – und er hat nur ein Ziel: das Heil. Er leuchtet in der Vision des großen Theologen – aber manchmal blitzt er zwischen Volksschulbänken auf, wie damals, wie mir der Neunjährige sein Bild von Gott gezeigt hat. Es waren lauter bunte Flecken. „Das musst du mir erklären!“, habe ich gesagt. „Also“, hat er gemeint, „Rot bedeutet, dass er uns gern hat. Grün heißt, dass er alles erschaffen hat, Blau soll sagen, dass er sehr großzügig ist ...". „Und was bedeutet Schwarz?", habe ich gefragt. „Schwarz bedeutet, dass wir viel zu wenig an ihn denken." Da springt einem der schöpferische Funke des Geistes fast blendend entgegen, aus Kindermund.

Es ist tröstlich, dass diese Zündkerze der Liebe immer wieder funktioniert, weil in der Kirche manchmal Motoren absterben und nicht recht anspringen wollen. Und diese Impulse sind die Zeichen des großen Mutmachers, des Parakleten, dass er immer am Werk ist.

Das war sie, die kleine Automeditation über den Heiligen Geist, auf der nächtlichen Heimfahrt durch ein dunkel gewordenes Land. Aber die Schatten des Daseins sind nicht so bedrückend, wenn der Scheinwerfer der Weisheit das erkennen lässt, worauf es ankommt, wenn die Klimaanlage halbwegs funktioniert, die uns mit menschlichem Flair umgibt, und wenn hie und da die Zündkerze ihre Funken des Schöpferischen sprühen lässt, die die Motoren der Liebe in Gang setzen. Der Geist Gottes, der das All erfüllt, sorgt dafür, dass wir nach Hause kommen.

# Die Monstranz zum Segen erheben

Auch wenn das Wetter es manchmal nicht wahrhaben will, mit Fronleichnam fällt Sonne und Segen über das Land. Der Segen fällt über Heimatstadt und Heimatland, über Leben, Leiden und Lieben der Menschen, über alles Suchen und Streben, Bemühen und Arbeiten, Planen und Denken, Erziehen und Forschen, Bauen und Gestalten, Beten und Predigen.

Als der Schnellzug des Fortschritts im stolzesten Tempo durch das Jahrhundert brauste, kam streckenweise eine Mentalität auf, die da sagte: Wir brauchen ihn nicht, den Segen.

Wozu denn auch? Wir haben Gefahren gebannt, Risiken eingeschränkt, Seuchen überwunden. Wir haben Sozialversicherungen, Unfallversicherungen, Krankenversicherungen, Hagelversicherungen, Feuerversicherungen, Lebensversicherungen, Katastrophenhilfe, Gesundheitsdienste, Heime … Vor allem haben wir eine immer perfektere Technik. Der alte Spötter Bernard Shaw hat einmal gesagt: „Matrosen auf Segelschiffen sind noch fromm, auf Dampfern nicht mehr …" Der Mensch ist nicht mehr so angewiesen, so ausgesetzt, so hilflos gegenüber den Elementen wie früher. Wozu brauchen wir also „Segen"?

Nun, ganz so großartig kuschelt man sich nicht mehr in den Erste-Klasse-Wagen des Fortschritts. Dem allzu pathetischen Fortschrittsglauben ist in diesem Jahrhundert einige Male kräftig der Zapfenstreich geblasen worden. Und wir wissen alle nur zu gut, vom Beamten bis zum Landeshauptmann, vom Schüler bis zum Universitätsprofessor, vom Ministranten bis zum Bischof, dass wir armselige kleine Menschen auf Segen sehr wohl angewiesen sind.

So will ich wie bei der Prozession im Geiste viermal die Monstranz zum Segen erheben und dabei jedes Mal an eine Lebenswirklichkeit erinnern, die halt nicht einfach machbar ist, sondern im Letzten immer ein Geschenk bleiben wird.

Im *ersten* Segen bitte ich Gott um *charaktervolle Menschen* in allen Bereichen, die hier in dieser Kirche repräsentiert sind. Für charaktervolle Menschen kann man nicht einfach einen Produktionsauftrag erteilen; man kann ihn ersehnen, aber nicht einfach fabrizieren. Er bleibt ein Geschenk, wo immer er auftaucht – in einer Kanzlei des Landhauses, in den Diensten der Stadt, den Instituten der Universität und an den Altären der Kirchen. Er ist ein Segen für andere. Und so bitte ich unseren Erlöser Jesus Christus, den Lenker der Herzen, dass er uns charaktervolle Menschen wachsen und auch in den Dienst der Öffentlichkeit kommen lasse.

Im *zweiten* Segen bitte ich Gott um das *gelungene Miteinander*. Auch das ist nicht einfach machbar oder im Planquadrat zu verwirklichen. Nicht im persönlichen und entscheidenden Miteinander der Ehe und Familie, aber auch nicht in den gesellschaftlichen und politischen Beziehungen. Es braucht einen Sinn für den anderen, eine Gesprächsbereitschaft, eine gewisse Großzügigkeit, eine verständnisvolle Toleranz, ein Vergessen- und Wegstecken-Können von Peinlichkeiten, eine Kooperation trotz verschiedener Standpunkte, ein Eingehen auf andere Generationen. Kein einziger Fortschritt in jenem üblichen Sinne, den man als Fortschritt bezeichnet, keine Erfindung und kein technisches Raffinement vermag das gelungene Miteinander zu garantieren. Und wir Österreicher müssten aus der Geschichte besonders gut wissen, was für ein Segen, was für ein Geschenk das einigermaßen gelungene Miteinander darstellt, und wir Tiroler in Nord und Süd auch.

## Gute Gedanken sind wie Zündfunken

Im *dritten* Segen bitte ich Gott um die *Entfaltung guter Gedanken*. Das Schöpferische im Menschen hat – trotz aller Anstrengungen – noch keine Psychologie der Erde zu erklären vermocht. Es bleibt ein Geheimnis, wie eigentlich im Menschen die neue Idee, der zündende Gedanke, die geniale Lösung aufblitzt, wie der Künstler zu seiner Inspiration kommt, der Politiker zur überraschenden guten Lösung, der Redner zum treffenden Wort, der forschende Geist zur neuen Schau der Dinge, der Schüler zum Aha-Erlebnis, das malende Kind zu seinem Farbenspiel.

Vielleicht erlebt der Mensch gerade im Einfall, in guten Gedanken am eindrucksvollsten, dass er auf das Geschenk angewiesen ist, und der religiöse Mensch erfasst gerade hierin, was Angewiesensein, Gnade und Segen ist. Wir brauchen sie, die guten Gedanken, in allen Bereichen des Lebens, wir brauchen diese Zündfunken, diese Hammerschläge, die den Nagel zur rechten Zeit auf den Kopf treffen.

Und im *vierten* Segen bitte ich Gott um das *Geschenk des Glaubens* für unser Land, unsere Stadt, unsere Gesellschaft, unsere Kirche. Das Fest Fronleichnam ist ja ein besonderer Prüfstein des Glaubens. Wie Christus in seiner Rede in Kafarnaum gesagt hat: „Mein Fleisch ist wahrhaft eine Speise, und mein Blut ist wahrhaft ein Trank …" (Joh 6,55), und „Wer mein Fleisch isst und mein Blut trinkt, der bleibt in mir und ich in ihm …"(Joh 6,56), da hat dieser Christus bei seinen Anhängern die erste große Glaubenskrise erlebt. Dieser Glaube an die Gegenwart Christi, das ist mitten in einer säkularisierten, kritischen, pluralistischen Welt doch auch etwas Ungeheures, Umwerfendes, Provozierendes. Generationenlang hat man fromm und unangefochten gebetet „der bei uns zugegen ist als wahrer Gott und Mensch …", aber heute halten wir inne und flüstern angesichts dieses Mysteriums: „Herr, ich will glauben, hilf meinem Unglauben …". Darum soll der vierte Segen dem Geschenk des Glaubens gelten, jenem Glauben, der heute gefährdet ist und der doch so viel Beheimatung schenkt.


Im charaktervollen Menschen, im Gelingen des Miteinanders, im guten Gedanken und im Wunder des Glaubens erfahren wir die Angewiesenheit auf Gott, auf seine Gnade. Und darum bitten wir, dass über unser Land, unsere Stadt, unsere Gesellschaft, die Stätten der Arbeit und des Studiums, über unsere Kirche und über diese Welt sein Segen fließe.

*Hof Colb – Wengen, Ladinien, mit Neunerkofelwand*

# Kantate

*Heiliges Herz,*
*unser Land ist voll*
*vom Lärm der Zeit,*
*der betäubt*
*und betört*
*und verwirrt*
*und schmeichelt.*
*Gib uns das feine Gehör eines Glaubens,*
*der hinter allem den Pulsschlag vernimmt,*
*deinen geduldigen Herzschlag der Liebe,*
*Mitte des Seins.*

*Heiliges Herz,*
*unser Land ist voll*
*von der Unrast der Seelen,*
*die bedrückt*
*und ermüdet,*
*verdunkelt,*
*entzweit.*
*Gib uns den Mut zum Aufbruch zu dir,*
*wie einst am Berg, auf dem See und im Saale*
*und als die Liebe vom Kreuz her uns rief zur*
*Mitte des Seins.*

*Heiliges Herz,*
*unser Land ist voll*
*vom Glanze der Schöpfung,*
*der beglückt*
*und befreit*

*und erholt*
*und erhellt.*
*Gib mit der Freude uns wachsame Ehrfurcht,*
*hütende Hände und seliges Wissen:*
*Alle Quellen entspringen in dir, der*
*Mitte des Seins.*

*Heiliges Herz,*
*unser Land ist voll*
*von Sehnen und Wollen,*
*das für das Morgen*
*hoffend und*
*helfend und*
*wagend sich regt.*
*Segne das Wachsen des Reichs in den Herzen,*
*durch alle Fremde führe dein Volk zur*
*Mitte des Seins.*

Im Jahr 1996, dem Gedenkjahr an das Herz-Jesu-Gelöbnis von 1796, hat Reinhold Stecher einigen Bekannten einen Textentwurf für eine Herz-Jesu-Kantate überreicht, der jedoch bis heute unveröffentlicht blieb.

# Jeder Heilige gewährt
## einen Durchblick auf Christus

Das Fest Allerheiligen hat einen festen Platz im Herzen des Volkes erobert, wenn es auch im Empfinden etwas stärker vom folgenden Fest Allerseelen geprägt ist, und damit ein wenig von seinem zutiefst frohen, ja sieghaften Charakter verliert. Trotzdem ist dieses Fest Allerheiligen sozusagen gefüllt von der Verheißung, dass die Gnade, dass das Gute in der Welt in einer überwältigenden Weise siegt und siegen wird, auch wenn wir das nicht immer so sehen. Man könnte sagen, dass das Fest Allerheiligen viele Vorläufer der Sehnsucht in der Menschheit hat, der offenkundig uralten und nie verstummenden Sehnsucht, dass auf den Menschen ein Ziel wartet. Diese Sehnsucht ist dumpf ausgedrückt in den prähistorischen Gräbern, in den rührenden Grabbeigaben, den Glasperlen und den Schmuckstücken für eine bessere Welt.

Diese Sehnsucht zeigt sich in den Pyramiden und den Mumien Ägyptens genauso wie in dem ergreifenden Brauch der Buddhisten Ostasiens, einmal im Jahr bei einbrechender Nacht auf einem großen Fluss viele, viele kleine Boote mit brennenden Lichtern hinaustreiben zu lassen ins unendliche Meer, als Sinnbilder der Seelen, die in die Unendlichkeit eingehen. Es gibt unzählige Vorspiele für Allerheiligen in der Welt. Ja, sogar in unserer säkularisierten und glaubenslosen Welt entwickeln sich Rituale, mit denen man sich vor Personen oder Persönlichkeiten verneigt, über das Grab hinaus, irgendwo doch in dem Bedürfnis, es nicht mit dem chemischen Zerfall einer Leiche bewenden zu lassen. Ob das nun das Ritual der Kranzniederlegung am Grabmal des Unbekannten Soldaten ist, das zum festen Punkt aller Staatsbesuche gehört, oder sogar das, was sich an atheistischen Ritualen an der Kremlmauer abspielt, es gibt unzählige derartiger Verneigungen vor Menschen über das Grab hinaus. Man prägt Gedenkmedaillen und errichtet Denkmäler, Ge-

*Herbstwald*

dächtnisstätten und Gedächtnisstiftungen, man benennt Straßen und Plätze und schwelgt fast in Inschriften und Nachrufen. Allerheiligen hat viele Ouvertüren der Sehnsucht in der Menschheit, die in ihrer Weise doch das Lied vom unvergänglichen Wert des Menschen anstimmen, und selbst diejenigen summen diese Menschheitsmelodie vor sich hin, die da partout behaupten, nach dem Tode sei alles aus.

## Christus hat uns das Reich Gottes verheißen

Unser Fest Allerheiligen ist aber keineswegs eines dieser Zeugnisse der Unsterblichkeitssehnsucht der Menschheit, es ist nicht ein Ergebnis eines Wunschdenkens oder einer Pietät. Allerheiligen gründet allein auf der *Verheißung* des Herrn: „Kommt her, die ihr von meinem Vater gesegnet seid, nehmt das Reich in Besitz, das seit der Erschaffung der Welt für euch bestimmt ist!" (Mt 25,34). Weil ER es gesagt hat, deshalb feiern wir das Fest der Heere der Erlösten, obwohl wir noch nicht auf der Tribüne sitzen und das Stadion schauen können, in dem sich die erlöste Menschheit versammelt. Er hat es verheißen, und die Verheißung leuchtet auf vielen Seiten des Evangeliums auf. Wir wissen nicht, wie viele es sein werden. Die Geheime Offenbarung spricht von 144.000. In der Zahlensymbolik des Alten Orients heißt das 12 x 12 x 1000 – und das bedeutet einfach die ganze unzählbare Fülle der Geretteten in der Welt, die das Volk Gottes ausmachen, das eben mit der geheimnisvollen Zahl 12 im Alten und im Neuen Bund angesprochen ist. Die Zahl, die schlussendlich doch in die Zielgerade des Lebens einbiegt, ist überwältigend groß. Das ist kein Balsam für den Leichtsinn der Gleichgültigen, aber ein Trost für Angsterfüllte und Besorgte und eine Korrektur für den, der in der Welt nur Schlechtes sieht.

Ein zweiter Gedanke sei kurz gestreift. Er bringt ein Bedenken zu diesem Fest, das auch immer wieder in der Christenheit bis zum heutigen Tage aufgetaucht ist. Verdunkelt die Heiligenverehrung nicht eigentlich die Anbetung Christi? Überwuchert in manchen Formen der Volksfrömmigkeit der Heiligenkult nicht die Frömmigkeit zu dem hin, dem doch eindeutig allein Anbetung gebührt? – Es ist kein Zweifel, dass es diese Gefahr schon gegeben hat und gibt. Es gibt keine Seite des religiösen Lebens, die vor Verzerrungen und Fehlentwicklungen geschützt ist. Das gilt auch von der Heiligenverehrung. Wir wissen, dass die Kirche strenge Einschränkungen des Reliquienkultes verfügen musste, dass es immer wieder Wildwuchs in solchen Seitenfrömmigkeiten gegeben hat und dass die Reformation nicht unberechtigt gegen die Auswüchse des Heiligenkultes vorgegangen ist. Es gab manchmal Entwicklungen hin bis zum Aberglauben und zur Magie.

## Die Heiligen verweisen auf Christus

Darum ist es so wichtig, dass wir in der kirchlichen Verkündigung auf den tiefsten Sinn aller Heiligenverehrung hinweisen. Es ist keine Spur von verkapptem Polytheismus darin. Die Heiligenverehrung verdunkelt Christus ebenso wenig wie Sonnenblumen auf dem Feld die Sonne verdunkeln, wenn sie ihre tausend Blütensonnen dem Himmel zuwenden. Das Licht einer Lampe wird ja nicht beeinträchtigt, weil es auf Gegenstände fällt, die von der Lampe erleuchtet werden. Die Heiligen sind ja nichts anderes als jenes Stück Schöpfung, auf das das volle Licht der Erlösung Jesu Christi fällt. Alles Gold, mit dem die Statuen unserer Kirchen geschmückt sind, ist das Gold der Gnade, das Christus, der Welterlöser, schenkt. Das muss man sich immer vor Augen halten, wenn man an die Heiligenverehrung denkt. Jeder Heilige gewährt einen Durchblick auf Christus, auf den Christus, dem er alles verdankt.

Die schönsten Formen der Darstellung aller Heiligen sind darum wohl jene uralten Mosaiken in der Apsis alter Kirchen – wie in Rom –, auf denen übermächtig der Welterlöser thront und rund um ihn viele, viele kleine Gestalten auf dem Goldgrund der Erlösung und Herrlichkeit. Ich glaube, wir müssten heute wieder eine ähnliche Schau haben.

Und so wollen wir uns der Gemeinschaft mit den vielen freuen, die im Goldgrund der ewigen Herrlichkeit stehen, und sie alle bitten, uns zu helfen, dass auch wir einmal bei ihm sein dürfen, der der Anfang und das Ende aller Dinge ist.

*VORBILDER*

„Der Mensch bildet sich nach dem, wohin er schaut. Wir werden, was wir schauen, und was wir ins Auge fassen, das prägt uns" (Heinrich Spaemann, † 2001). Das gilt ganz allgemein im positiven wie auch im negativen Sinn. Unsere Welt ist eine Welt der Bilder. Was wir jedoch in diesem riesigen Kaleidoskop der medialen Bildwelt dringend brauchen, das sind Vorbilder, an denen wir uns orientieren können. Leider ist man über lange Zeit im kirchlichen Bereich mit den eigenen Vorbildern, den Heiligen, so umgegangen, dass sie oft nur einen schalen Geschmack hinterlassen. Wenn Heilige von hohen Altären auf uns herabschauen, wenn sie als Idole ihrer Tugend wegen vorgestellt werden, wenn sie dem Leben von heute fremd bleiben, dann haben sie ihren Vorbildcharakter bereits verloren. Reinhold Stecher gelingt es, die Heiligen und Vorbilder der Kirche von moralisierenden und von verniedlichenden Übermalungen zu befreien und Vorbilder aufleuchten zu lassen, die auch für den Menschen von heute richtungsweisend und motivierend sind.

Tief verwurzelt in der heimatlichen Frömmigkeit nimmt Maria, die Mutter Jesu, einen ganz besonderen Platz ein. Unser Landespatron Josef begegnet uns in seiner kleinen Welt des Handwerks, in die Gottes Sohn gekommen ist. Ob dieser nicht auch durch unsere kleine Welt in den Alltag von heute eintreten möchte? Im 16. Jahrhundert, einer Zeit großer gesellschaftlicher und kirchlicher Umbrüche, war Petrus Canisius (1521–1597) mehrere Jahre Hofprediger in Innsbruck, ein Hoffnungsträger der besonderen Art. Er setzt auf eine innere Reform der Kirche und erbittet von Rom eine mildere Behandlung der Deutschen, „damit wir den glimmenden Docht nicht auslöschen". Im 20. Jahrhundert begegnen wir Anna Dengel aus Steeg im oberen Lechtal, der Gründerin der Missionsärztlichen Schwestern, die als Ordensfrau und Ärztin in der Kirche ganz neue Wege beschritten hat. Otto Neururer, ein ganz und gar bescheidener Priester, hat seinen Glauben mit der Hingabe seines Lebens bezeugt. 1940 wurde er im KZ Buchenwald ermordet. Ein Mithäftling erzählte Bischof Stecher:

„*Ich bin bis zuletzt mit Otto Neururer im KZ beisammen gewesen. Ich lag auf der Pritsche neben ihm, als sie ihn in den Todesbunker holten. Und eines muss ich Ihnen sagen, Herr Bischof: Wenn der Otto kein Heiliger war, gibts keine …*"

# Maria – Verehrung und Missverständnisse

Einmal habe ich eine wunderschöne, kostbare Marienstatue geschenkt bekommen, ein einmaliges Stück, mit einer Tiefe und Zartheit des Ausdrucks, die man suchen muss. Aber die Statue hatte im Lauf der Jahrhunderte einige Schäden abbekommen, die nicht zu übersehen waren. Trotzdem ist diese Statue ein Symbol für die Marienverehrung. Die rechte Marienverehrung ist etwas sehr Wertvolles, weil in ihr sowohl das Geheimnis Jesu Christi wie die Erlösung der Menschheit sichtbar werden, der Gottmensch und der von ihm erlöste Mensch. Und so ist – wie auf alten Bildern – um Maria ein ganzer Rosenstock an Frömmigkeit aufgeblüht, von Liedern, Wallfahrten, Rosenkranz, Maiandachten usw.

Aber es gibt in der Marienverehrung – wie die Schäden an der Statue – auch einige Gefahren und Fehlentwicklungen, Missverständnisse und Übertreibungen. Zunächst ein Blick auf die Verkündigungsszene bei Lukas (1,26–38), als der Engel ihr die Geburt Jesu verheißt und Maria nachfragt: „Wie soll das geschehen, da ich keinen Mann erkenne?"

Maria ist etwa 13 Jahre alt – wie das damals üblich war. Sie ist verlobt, das heißt, der Vertrag zwischen Josef und den Eltern Mariens ist geschlossen, sie gilt bereits nach jüdischen Gesetzen als Frau des Josef. Sie haben nur noch nicht mit der Hochzeitsfeier das gemeinsame Leben aufgenommen – aber das alles steht unmittelbar bevor. Wieso sagt dann Maria, wie ihr die Geburt eines Kindes angekündigt wird, „wie soll das geschehen, da ich doch keinen Mann erkenne?" (d. h. keine Beziehung habe)? Die Aufnahme des gemeinsamen ehelichen Lebens steht doch unmittelbar bevor!

Man muss in diese geheimnisvolle Offenbarung des Engels nur ein kleines Wort einfügen, das sinngemäß in seiner Aussage liegt und das die Frage Mariens als völlig berechtigt und vernünftig erscheinen lässt. Das kleine Wort heißt *„jetzt"*. Du sollst *jetzt* empfangen. Der

Verlauf der weiteren Geschehnisse stellt auch klar, dass die Stunde der Verkündigung die Stunde der Empfängnis ist. Maria weiß aus dieser geheimnisvollen, ihr Leben prägenden Begegnung, dass sie *jetzt* Mutter werden soll, und zwar die Mutter des von allen frommen Juden erwarteten Messias. Der berühmte Preisgesang Mariens hat als Thema auch nur die Freude über diese Mutterschaft des Messias.

## Die Bedeutung der Jungfräulichkeit Mariens

Die Königssagen des Alten Orients, aber auch andere Kulturkreise bringen immer wieder den Mythos einer Götterzeugung. Die ägyptischen Pharaonen wurden als Söhne einer Gottheit genauso bejubelt wie der Tenno der Japaner. Buddha soll vom Elefantengott Ganesha gezeugt worden sein – dem Symbol der Weisheit. Dem jüdischen Denken waren derartige Mythen völlig fremd, ja höchst suspekt.

Aber die Jungfräulichkeit Mariens und ihr Lobpreis haben nicht selten einen falschen Unterton bekommen.

Dieser Ton wird sichtbar, wenn zum Beispiel gesagt wird: „Maria ist Mutter des Herrn und blieb doch reine Jungfrau." Das klingt so, als wäre eine natürliche Zeugung und Mutterschaft nicht ganz anständig gewesen, und deshalb musste Jesus von einer Jungfrau geboren werden, weil es nicht der Würde Jesu entsprechen würde, wenn da Sexualität, Leidenschaft und Erotik mitgespielt hätten. Wir müssen unbedingt festhalten, dass derartige Gedankengänge im Zusammenhang mit der Jungfräulichkeit Mariens vollständig abwegig sind. Maria ist nicht deshalb Jungfrau, weil natürliches Mutterwerden irgendwie mit dieser Rolle nicht ganz vereinbar wäre – wir wissen, dass in der Geschichte des Christentums auch immer wieder sexualfeindliche Tendenzen aufgekommen sind.

Die Jungfräulichkeit Mariens hat *nur einen einzigen Sinn* nach der Heiligen Schrift: „Der Heilige Geist wird über dich kommen, und die Kraft des Höchsten wird dich überschatten. Deshalb wird auch das Kind heilig und Sohn Gottes genannt werden" (Lk 1,34). Die

Jungfräulichkeit Mariens ist *nur* ein Hinweis auf das geheimnisvolle Wesen ihres Kindes … das Wesen, das wir in unserer Formel des Glaubens „wahrer Gott und Mensch" ausdrücken.

Alle Untertöne über „reinste Jungfrau" – so als wäre eine natürliche Mutter nicht ganz so „rein" – sind leider missverständlich und haben der Marienverehrung geschadet. Sie sind völlig unbiblisch. Die Schrift kennt keine Verdächtigung menschlicher Sexualität.

Aber die Worte des Engels rücken eben Maria in das überwältigende Geheimnis Jesu Christi, auf das sich unser ganzer Glaube stützt.

## Marienerscheinungen

Vielleicht ist in Bezug auf die Marienverehrung noch ein klärendes Wort notwendig.

Im Zusammenhang mit Marienwallfahrtsorten spielen Privatoffenbarungen eine große Rolle. Maria ist erschienen. Es gibt allein aus den letzten zwei Jahrhunderten Hunderte derartiger „Erscheinungen". Die Kirche war mit der Anerkennung der Echtheit derartiger Vorgänge außerordentlich zurückhaltend. Als echt wurde bis jetzt Lourdes, Fatima und La Salette anerkannt.

Die Anerkennung der Echtheit einer Privatoffenbarung bedeutet nicht, dass ich als Katholik an diese Echtheit unbedingt glauben muss. Der Gegenstand unseres Glaubens ist die Offenbarung Jesu Christi. Die geoffenbarte Wahrheit wird im Lauf der Zeit, des Wechsels der Sprache und der Kulturen immer wieder von der Kirche und notwendigerweise formuliert, wie der Edelstein in einer Fassung. Diese Fassung nennt man Dogma. Sie hält den Edelstein – das geoffenbarte Geheimnis – aber es ist ein Menschenwort, und nie perfekt und vollständig. Es muss daher immer wieder besser und neu formuliert werden. Auch in Bezug auf Maria sind ihre Gottesmutterschaft und ihr Erlöstsein dogmatisch formuliert. Bei einem Konvertitenunterricht mit einer tieffrommen evangelischen Frau hat mir diese gesagt, sie hätte keine Schwierigkeiten mit der Glaubenslehre der Kirche über Maria, aber mit manchen Formen der Marienverehrung, wie sie manche Katholiken üben, könnte sie nichts anfangen … Ich habe ihr gesagt, der Glaube verpflichte sie in keiner Weise zu bestimmten Formen des Gebetes und der Frömmigkeit, und schon gar nicht zur Anerkennung irgendwelcher Privatoffenbarungen, die niemals zur allgemeinen Offenbarung gehören, die das Fundament des Christentums ist.

Man müsste also zurückhaltend sein mit einer Überschätzung von Privatoffenbarungen. Vor allem, wenn es so weit kommt, dass irgendeine Erscheinung *größere* Bedeutung erhält als die Heilige Schrift und die Botschaft Jesu. Unser Glaube gründet sich nicht auf Sensationen und spektakuläre Ereignisse, sondern auf das Wort Gottes. Privatoffenbarungen können echt sein – ich glaube, dass Lourdes echt ist – oder auch nicht. Wenn wir irgendwo hingehen, um zu beten, dann ist es doch so, dass am Beginn eines Wallfahrtsortes eine außerordentliche Begebenheit oder Erscheinung steht, wie in Absam oder Locherboden, oder eine uralte Legende wie in Maria Waldrast, Einsiedeln, Mariazell oder Georgenberg. Beten ist immer recht. Aber für mein Beten auf der Waldrast oder auf Georgenberg spielt die Ursprungslegende keine Rolle. Nicht die Sensation soll die große Bedeutung haben, sondern der schlichte Glaube und das Vertrauen auf die Fürbitte der Mutter des Herrn.

## Marienverehrung

Es gibt noch eine Schädigung an der wunderbaren Statue der Marienverehrung:

Die Übertreibung. Es ist einfach nicht richtig, Jesus Christus und Maria auf eine Stufe zu stellen. Die Kirche hat das scharf unterschieden. *Anbetung* ziemt nur *Gott* – und sonst niemand. Und Versuche von manchen Kreisen, Maria etwa den gleichen Titel zu geben wie dem Herrn – „Erlöser" und „Miterlöserin" –, das ist gefährlich. *Nur einer erlöst die Welt.* Und alle anderen sind Erlöste, auch Maria. Und weil Menschen in das Heil eingespannt werden, sind wir noch keine „Miterlöser", sondern schlichte Werkzeuge in der Hand Gottes.

Die Marienverehrung muss also bewahrt werden vor Fehldeutung, wie bei der Jungfräulichkeit, vor Sensationslust mit der Überbewertung von Privatoffenbarungen und vor hysterischen Übertreibungen der Verehrungsformen, die bei anderen Christen den Verdacht aufkommen lassen könnten, Maria sei eine Art „Göttin".

Wir haben im Dom zu St. Jakob das Maria-Hilf-Bild von Lukas Cranach. Es ist vermutlich das weitverbreitetste Marienbild der Welt. Es gibt in Europa und darüber hinaus Hunderte von Marienwallfahrten zu diesem Bild. Vermutlich ist es die Schlichtheit dieses Bildes, die das Volk so angesprochen hat. Und diese Schlichtheit entspricht genau der „Magd des Herrn, die ein völlig unscheinbares, vor vielen Dunkelheiten stehendes, von vielen Prüfungen heimgesuchtes Wesen war, dessen Großartigkeit im Trotzdem-Glauben und Trotzdem-Lieben und in der tiefen Verbundenheit mit ihrem Sohn lag.

Unsere Marienverehrung sollte immer etwas von dieser Schlichtheit und Glaubenstiefe bewahren, wenn wir zum Rosenkranz greifen, zur Wallfahrt aufbrechen, eine Pilgerreise antreten oder hier vor ihrem Bild knien. Und das, was die Schrift über diese Frau sagt, sollte genügen.

# Die kleine Welt
## des Handwerkers Josef

Außer den bekannten Ereignissen um die Geburt des Herrn, die Flucht nach Ägypten und die Episode mit dem 12-jährigen Jesus erfahren wir vom heiligen Josef nicht viel im Evangelium. Er gehört zu den Stillen im Lande, der „Tekton" aus Nazareth, das heißt, dass er ein Allroundhandwerker war, der die einfachen Häuser aus Steinen baute, mit einem Flachdach versah und die wichtigsten Gerätschaften und Einrichtungsgegenstände wie Holztür und Riegel, Schemel und Joch, Pflug und Schwelle herstellte. Es war damals auch so, dass der Sohn normalerweise in die Lehre beim Vater ging und denselben Beruf ergriff. Nazareth war ein kleines Städtchen, das kaum irgendwo Erwähnung findet. Die Gegend war, soweit sie bebaut werden konnte, fruchtbar. In späteren Zeugnissen wird diese Fruchtbarkeit gepriesen: Ölbäume, Feigenbäume, Getreideäcker, Weinberge … Josef gehört dem sehr bescheidenen Mittelstand an. Er hat sicher ein kleines Feld. Vielleicht besaß er auch das eine oder andere Schaf, mit dem der Hirt über die steinigen Hügel zieht. Dass Josef nach Bethlehem muss, ist kein Weihnachtsmärchen. Nach der Auswertung von zeitgenössischen Papyrusfunden in Ägypten weiß man, dass die Römer die Leute gezwungen haben, mit ihren Frauen zur Steuererhebung dorthin zu gehen, wo sie irgendeinen Grundbesitz hatten. Josef war aus dem Geschlecht Davids, das damals verarmt und politisch völlig bedeutungslos war, hatte aber wahrscheinlich in Bethlehem einen bescheidenen Besitzanteil oder Grundbesitz. Nachkommen Davids wohnten immer noch in Bethlehem. Josef gerät wie viele Menschen in die Räder der rücksichtslosen römischen Bürokratie. Deshalb muss er nach Bethlehem und bezieht dort eine der uralten Wohnhöhlen, die auch als Stall dienten. Wir wissen von diesem Mann wirklich nicht viel.

# Bilder und Gleichnisse in der Bibel

Aber seine kleine Welt leuchtet in den Evangelien auf. Jesus nimmt einen guten Teil seiner Bilder und Vergleiche aus eben dieser kleinen Welt von Nazareth, die die seines Vaters, seiner Mutter, seiner Kindheit, seiner Jugend und seines Berufes war.

Die Welt des Josef taucht auf im Gleichnis vom soliden und unsoliden Hausbau, auf Felsen oder auf Sandgrund. Wir begegnen ihr bei der Türe und dem Riegel und dem lästigen Nachbarn, der spätabends noch etwas leihen will. Wenn Jesus sagt, „mein Joch ist leicht", dann lebt darin noch die Erinnerung an Joche und Pflüge, die der Vater für die Nazarener machen musste. Aus der kleinen Welt stammen das Bild vom fensterlosen Haus, auf dessen Erdboden man so leicht eine Münze verlieren konnte, und das Bild von der Öllampe auf dem Leuchter und dem Schemel, unter den man sie niemals stellt. Auch das Bild vom Acker, dessen nutzbare Fläche man damit gewinnt, dass man die Steine an den Rand wirft, wo dann Dornen wachsen, unter denen kein Same hochkommt. Und zwischen den Äckern ist der Trampelpfad, wo die Vögel die Samen holen, die sich dorthin verirren. Auch die Senfstaude, die in Nazareth besonders groß wird – ein späterer Bericht sagt, dass man damit eine Hütte zudecken konnte – taucht im Evangelium auf. Das wäre der Baum, in dem die Vögel des Himmels wohnen, und der aus einem winzigen Samen wächst. Zur Welt des Josef gehören auch die Schafe, von denen manchmal eines im unwegsamen Berggelände verlorengeht, und der unfruchtbare Feigenbaum, bei dem der Dünger nichts nützt – ja und die Blumen des Feldes, die Anemonen, die im kurzen Frühling mit ihrer Pracht die Hänge und Hügel Galiläas bedecken.

So taucht sie im Worte Gottes, dem Buch der Bücher auf, die kleine Welt des Josef, von dem sonst so wenig zu berichten ist. Und sie bringt uns das ungeheure Mysterium nahe, dass der Sohn Gottes in diese gewöhnliche, sensationslose, einfache, ja banale Welt von uns Menschen eingestiegen ist in eine Familie wie tausend andere Familien, in einen Beruf wie unzählige andere, in ein hartes Leben, das

das tägliche Brot nicht billig hergegeben hat, in einen Beruf, mit dem man keine Reichtümer verdienen konnte.

Aber mitten in dieser kleinen Welt des Josef von Nazareth, die noch bescheidener war als die unsere, ist eben der Unendliche mit seiner ganzen Liebe anwesend, so wie er auch hier und heute in unserem Alltag mit all seinen Sorgen da ist, mit seiner begleitenden Liebe und Gnade und der Verheißung der ewigen Herrlichkeit. Darum ist die kleine Welt des Handwerkers Josef eben doch groß und erfüllt von einem tröstlichen Glanz.

# Petrus Canisius –
## Hoffnung in hoffnungsloser Zeit

Der Patron unserer Diözese war eigentlich mehr ein Tipp für Insider, für Theologen, Historiker und Katecheten. Im Bewusstsein der breiteren Masse der Gläubigen führt er eher ein Schattendasein. Man kennt das Canisianum, die Innsbrucker kennen den Spaziergang zum Canisiusbrünnl, in der Jesuitenkirche grüßt sein ernstes Gesicht vom Seitenaltar, in Arzl existiert ein verwittertes Fresko an einem Haus, das Akademische Gymnasium verbindet ihn mit seinen Ursprüngen. Heute erinnert an ihn die moderne Pfarrkirche Petrus Canisius, und hier im Dom die mit großer Einfühlsamkeit von Prof. Wolfram Köberl geschaffene Skulptur des Heiligen. Der 400. Todestag lädt ein, den heiligen Kirchenlehrer ins Rampenlicht zu stellen. In dieser Stunde kann ich über seine schlichte Gestalt nur ein paar Scheinwerferstrahlen blitzen lassen. Sie erhellen allerdings nicht nur seine historische Gestalt und die Bühne seiner Zeit – sie werfen auch von der Bühne der Geschichte einen Schein zu uns herunter, die wir sozusagen im Zuschauerraum des ausgehenden 20. Jahrhunderts sitzen – und setzen da und dort einen Lichteffekt, der zeitlos ist.

Mit der ersten Lampeneinstellung möchte ich verhindern, dass raffinierte Beleuchtungen das Bild des großen Mannes in falscher Weise idealisieren. Trotz seiner Persönlichkeit bleibt er in den *Grenzen und Begrenzungen seiner Zeit*. Er kommt aus einer Verbrüderung von dynastischen und konfessionellen Interessen, von Politik und Macht, von einem Bund von Thron und Altar, die wachen Christen von heute höchst verdächtig vorkommt. Er ist auch nicht ganz frei von anderen zeitgebundenen Vorurteilen und Sichtweisen seiner Zeit, so zum Beispiel in Bezug auf Privatoffenbarungen und Besessenheit. Diese nüchterne Feststellung gilt auch für Heilige – und ist letztlich ein Trost für uns alle.

Aber nun muss der Scheinwerfer etwas Bewundernswertes aufleuchten lassen. Er kommt in seine Zeit mit einer überwältigenden *spirituellen Tiefe*. Im jungen Petrus Canisius lebt der Geist der Nachfolge Christi, der Glanz der unveränderlichen Wahrheit des Evangeliums, die Frömmigkeit der „Devotio moderna", in der die Mystik seiner Epoche glühte und die edelsten Formen des christlichen Humanismus. Und das alles taucht mit ihm auf – in einer auf weiten Strecken geistlos gewordenen, verweltlichten und veräußerlichten Kirche, die ja die Reformation direkt herbeigezwungen hat.

## Predigen in einer aggressionsgeladenen Zeit

Petrus Canisius kommt in eine aggressionsgeladene, raue, ja manchmal bösartige Zeit. Die Kanzeltonarten, auch die, die hier in Innsbruck erklungen sind, waren wie harte Hornsignale zum Religionskrieg, der dann ja auch gekommen ist. Canisius lebt in einer literarischen Epoche, die man später „Grobianismus" genannt hat. Petrus Canisius bleibt auch im Wort ein vornehmer Prediger. Er verteufelt nicht einfach seine Gegner, denen er entgegentritt. Er verwendet nicht die derben Schimpfworte für sie. Er nennt sie „Novatores", „Neuerer". Auf der evangelischen Seite könnte man ihm den hochgebildeten Philipp Melanchthon gegenüberstellen. Beide sind in ihrem seriösen Bemühen um Wahrheit und in ihrer zutiefst edlen Einstellung so etwas wie Brückenfundamente für eine ferne Zeit. In ihrer Zeit gelang kein Brückenschlag mehr.

## Üble Zustände in der Kirche

Ein besonderes Licht fällt in unsere Zeit herein, wenn wir Canisius im Glauben an die Kirche sehen. Man muss wissen, dass die Zustände in Hierarchie und Papsttum damals durch Jahrzehnte hindurch jeden Respekt verspielt hatten. Ein guter Bischof war damals eher eine Seltenheit. Viele von ihnen hatten nicht einmal eine Weihe und waren nur an den Einnahmen interessiert. Der Klerus war ungebildet, auch

*Der Gletscherbach*

hier bei uns – bis auf wenige Ausnahmen – und hatte den schlechtesten Ruf. Und in einer solchen Kirche hat Canisius unverdrossen mit der Reform an der Basis begonnen. Er ist immer weiter hinuntergegangen, bis zu den Kindern. Er hat trotz allem an das Geheimnis dieser Kirche geglaubt, an die Kraft der Gnade und der Sakramente, an das Walten des Geistes, des Gotteswortes, an den Sinn der Predigt und der Verkündigung, an die Zukunft der Jugend und der Seelsorge. Er bedient sich aller modernen Mittel seiner Zeit – und geht neue Wege. Er weiß um die Zukunft der Schulen. Er ist ein Mann der Hoffnung in einer hoffnungslos verfahrenen Kirche, wobei die Zustände von damals und heute gar nicht vergleichbar sind. Und er hat an das Leben der Kirche geglaubt, das trotz aller Fehlentwicklungen der Zeit auch in den Aufbrüchen der Basis, im Guten unzähliger Menschen und Gemeinschaften strömt und pulst und Zukunft hat.

Es sind nur ein paar Lichtblitze, die in dieser Stunde über seine Gestalt huschen können. Aber diese Strahlen sind nicht nur ein Feuerwerk, das Vergangenheit beleuchtet. Sie leuchten in das Kirchenschiff und Presbyterium dieses Doms herein, in das Kirchenschiff der Gegenwart, und erinnern uns daran, dass man an Gottes Gnade nie verzweifeln darf, damals nicht und heute nicht, und dass wir ungebrochen dem Christus vertrauen dürfen, der durch Vergangenheit, Gegenwart und Zukunft schreitet.

# Anna Dengel –
## der Geist weht, wo er will

Der Orden der Missionsärztlichen Schwestern, das Heimatdorf, die Angehörigen, die Repräsentanten des Landes Tirol, die Diözese und die Weltkirche versammeln sich in dieser Stunde zu einem Dank- und Gedenkgottesdienst. Und dafür gibt es Grund genug: Hinter einer Gestalt wie Anna Dengel steht das Walten des Heiligen Geistes. Dieser Gedanke ist so wichtig, dass ich bei ihm verweilen möchte. Dieses Wirken des Geistes dürfen wir – gerade heute – nicht übersehen, wir müssen immer wieder daran glauben und uns davon überwältigen lassen. Dieses Walten des Geistes ist sehr oft noch eindrucksvoller in *Personen* als in Ideen. Und so schwenkt jetzt unser Blick von einer Gestalt wie Anna Dengel hinüber zu jener Dynamis, jener aus der Tiefe der Ewigkeit wogenden und bewegenden Kraft, die eben Anna Dengel zu dieser Rolle und Aufgabe hin getragen hat, als Helferin und Ärztin der Ärmsten der Armen. Anna Dengel war eine *Geistträgerin*.

Geistträger sind in der Kirche sehr häufig nicht besonders bequeme Menschen. Das heilige Amt muss sich früher oder später mit ihnen befassen, weil sie notwendigerweise in irgendeiner Form aus dem Rahmen fallen und damit Probleme schaffen. Dafür gibt es in der Kirchengeschichte viele eindrucksvolle Beispiele. In Wirklichkeit sind natürlich beide, Charisma und Amt, zutiefst aufeinander angewiesen; es kommen ja beide aus der Initiative des Heiligen Geistes. Und wir müssen immer beten, dass das Miteinander dieser beiden großen Motoren des Heils in der Kirche einigermaßen funktioniert.

Aber zurück zu diesem geheimnisvollen Walten des Geistes, der Initiativen wie die von Anna Dengel geprägt hat.

# Drei Signale für das Wirken
## des Heiligen Geistes

Ein Signal ist der *Überraschungseffekt*, das Unberechenbare, nicht Machbare, plötzlich hereinbrechende Neue. Diese Seite des Geistwirkens ist in der Heiligen Schrift angedeutet: In Joh 3,8 heißt es: „Der Wind (= Geist) weht, wo er will; du hörst sein Brausen, weißt aber nicht, woher er kommt und wohin er geht ...“

Wer konnte in unserem Fall auch nur irgendwie ahnen, was da in Steeg im hintersten Lechtal zu wehen begann, und was dann sozusagen ein Monsun der helfenden Liebe wurde, der über Indiens Armenviertel fuhr, ein Passat, der die Weltmeere zu anderen Kontinenten überquerte? Die Missionsärztlichen Schwestern Anna Dengels sind wirklich ein Hauch, der heilend und tröstend in Winkel hineinweht, in die die Männerkirche gar nie hingekommen ist und auch heute nicht hinkommt. Und der Geist Gottes, der da wie ein Fallwind aus dem obersten Lechtal herunterfuhr, hat sich mit Nüchternheit, Zähigkeit, dem Wirklichkeitssinn und vielleicht auch mit einer gewissen Querköpfigkeit verbündet. Diese Eigenschaften haben bei Anna Dengel die richtige Segelstellung für das Wehen des Geistes abgegeben. Denn das Schiff der Anna Dengel war für die Hochsee, die Weltmeere bestimmt.

Der Geist weht, wo er will: Das ist der erste Trost, den uns diese Stunde zuflüstert. Er liebt die Überraschung. Er fährt in der Kirche von unten nach oben, und manchmal von quer herein, und er kümmert sich zunächst gar nicht viel um Dienstwege und Instanzen. Natürlich braucht es auch dieses Zweite. Zum Wind in den Segeln muss auch die Kunst des Steuermannes kommen. Wind, Segel und Kommandobrücke – alles ist aufeinander angewiesen.

Aber eines muss ich noch anfügen, wenn wir schon beim Bild des Segelschiffes bleiben: Wer hat schon einmal ein Segelschiff in voller Fahrt gesehen, das nicht ein wenig Schlagseite hatte? Wenn der Geist in die Segel fährt, gibt es immer auch ein wenig Schlagseite – und eine Bugwelle. Das muss man jedem zubilligen, der „vor dem Wind“

segelt – ob dem heiligen Franziskus, der Befreiungstheologie oder Anna Dengel. Ein bisschen Einseitigkeit gehört zur kühnen Fahrt. Es darf nur nicht kippen. Ohne Schlagseite und ohne Bugwelle sind nur die Schiffe, die hinter den Hafenmolen starrer Traditionen dümpeln.

Es gibt noch ein zweites Signal für das Wehen des Geistes: Es geht um *ein Vorwärts!* Bei Anna Dengel um ein „Vorwärts" der helfenden Liebe, so wie es bei anderen um ein „Vorwärts" der Theologie und der Gotteserkenntnis geht, und bei einem Dritten um ein „Vorwärts" der Weltsicht oder der Seelsorge. Der Heilige Geist hat eine Nähe zur wunderbaren Gabe der Fantasie. In unserem Falle war es die Stern-Idee der Verbindung von Ärztin und Klosterfrau – und das war eben noch nie dagewesen.

Auch dieses „Vorwärts" des Heiligen Geistes ist in der Heiligen Schrift angedeutet. Denn es heißt doch von diesem Geiste: „Er wird das Antlitz der Erde erneuern" (vgl. Ps 104,30).

Anna Dengel hat dieses „Vorwärts" in einer neuen Weise des Helfens verwirklicht, aber ohne dies zu ahnen, hat sie damit auch vorausgreifend an eine neue Rolle der Frau in der Kirche gerührt. Sie hat mit der Verbindung von Dr. med. und Schwester ja doch gegen jahrhundertelang festgelegte Rollen revoltiert, gegen eine Einengung klösterlicher Aufgaben, die man – in falscher Deutung – gerne bei Maria und Marta angesiedelt hat, bei Frömmigkeit und Hausdienst. Ich kann mich noch gut erinnern, wie sensationell und imponierend der Weg Anna Dengels in den Dreißigerjahren auf uns gewirkt hat. Ärztin und Schwester – das war etwas ganz Neues.

Ein drittes Signal des Geistwirkens ist *der Weitwinkel.* Auch davon spricht die Schrift: „Der Geist des Herrn erfüllt den Erdkreis, und er, der alles zusammenhält, kennt jeden Laut (jede Sprache)" (Weish 1,7).

Es ist für mich immer etwas Imponierendes gewesen, wenn aus irgendeinem Winkel unserer Bergheimat, von kargen Wiesen und steilen Wäldern, ein Mensch kommt, der mit Weitwinkel die Welt umspannt. Gewiss ist heute Mobilität, internationaler Kontakt, Sprachkenntnis usw. selbstverständlicher geworden. Zur Zeit Anna

Dengels war das nicht so. Und so lag in ihrem Wesen etwas von der „magnanimitas", der großen Weite des Herzens und des Geistes, über alle Engführungen dieses Jahrhunderts hinweg, über blitzdumme Nationalismen, Kleinkariertheiten, geistige Barrikaden und Straßensperren der Intoleranz. Ihr Weg geht von Steeg nach Rom, vom Bergtal zur Weltkirche, von der kleinen Welt in die große.

Diese Gedenkstunde ist also auch ein Trost, eine eindringliche Erinnerung an das Walten des Geistes – ein Trost, den wir heute in Kirche und Welt brauchen. Den Trost, dass es da eine geheimnisvolle, ungebrochene Kraft gibt, ein Wehen und Wirken unabhängig von allen Machtbeflissenheiten, Machbarkeitsideen und Nur-Verwaltern. Es gibt auch die heilige, wenn auch schmerzlich und in langem Suchen geborene Überraschung, das heilige Vorwärts und die große Weite in unserer Kirche. Denn der Geist weht, wo er will, erfüllt den Erdkreis und macht alles neu.

# Otto Neururer –
## ein Zeuge für die Treue zum Priestertum

Bei der Verehrung von Heiligen und Seligen stößt man manchmal auf die Schwierigkeit, dass auch eine große Persönlichkeit längst vergangener Zeiten sozusagen in einen unwirklichen Raum eintaucht. Der zeitliche Abstand bringt eine gewisse Entfremdung. Man hat das berechtigte Gefühl, dass die Welt vor Jahrhunderten ganz anders war. Man kann sich nicht leicht in weit abliegende Epochen hineindenken, wenn man das Messbuch aufschlägt und den Kurzbericht über den Tagesheiligen liest.

In dieser Hinsicht macht es uns der neue Selige aus Tirol, der Pfarrer und Märtyrer Otto Neururer, sehr leicht. Unter den Pilgern, die aus Anlass der Seligsprechung am 24. November 1996 nach Rom strömen werden, sind viele, die ihn noch gekannt haben. Es werden Priester anwesend sein, die noch seine Kapläne waren. Der Schreiber dieser Zeilen hatte das Glück, den Seligen als seinen Katecheten zu erleben, der ihn zur Erstkommunion führte. Und als dann später die Verfolgung kam, war ich mit so manchem heute noch lebenden Mitbruder im selben Gestapogefängnis zu Innsbruck, in das Otto Neururer eingeliefert wurde, um nie mehr zurückzukehren. Wir haben ihn erlebt – den überbordenden Rausch der Macht, die von Sieg zu Sieg eilte – und auf der anderen Seite den Terror, dem man hilflos in Ängsten ausgeliefert war. Und alle, die solches erlebt haben, wissen einzuschätzen, was für eine heroische Haltung der Güte in diesem schlichten Priester gewesen sein muss, von dem die Mithäftlinge erzählten, sie hätten aus seinem Munde nie ein böses Wort über seine Peiniger gehört. Wer den ohnmächtigen Zorn gegen diese unmenschliche Tyrannei erlebt hat, der vermag diese Größe der Liebe einzuschätzen.

Er hat ein schlichtes, gewöhnliches, unauffälliges, aber unendlich treues Leben als Priester geführt. Sein Alltag unterschied sich von dem unserer Seelsorger heute kaum. Sein Leben hat nichts Außerordentliches im Sinne religiöser Sensationen aufzuweisen. Er hatte weder die Visionen noch Erscheinungen, er war kein faszinierender Prediger und kein begnadeter geistlicher Schriftsteller. Es gab nichts, was ihn ins Rampenlicht der Kirchengeschichte gestellt hätte. Er war nur sehr, sehr treu im pastoralen Dienst und in einem echten Sinne fromm. Und so kam seine große Stunde des Ganzopfers. Nun leuchtet das Kleine und strahlt das Schwache.

Sein Leben ist in wenigen Strichen skizziert: Otto Neururer ist am 25. März 1882 im winzigen Bergdorf Piller, das zwischen dem Inntal und dem Pitztal auf 1350 Meter Seehöhe liegt, als zwölftes und letztes Kind einer Müller- und Bauernfamilie geboren worden. Wenn man heute von Wenns die vielen Kurven nach Piller hinauffährt, kommt man immer noch in eine Art Idylle. Knapp vor dem Dorfkern liegt links, jenseits des Baches, die alte Mühle, das bescheidene Heimathaus. Aber die Vorstellung von der Idylle trügt. Das Leben dort oben war hart. Da der Vater bald starb, lag die ganze Last von Kindererziehung, Kleinbauernschaft und Mühle auf den Schultern der Mutter. Sie war eine tiefreligiöse, aber manchmal auch zu Schwermut und Verzagtheit neigende Frau. Otto Neururer hat in seinem Wesen ein bisschen etwas davon abbekommen. Sein hohes Pflichtbewusstsein war manchmal auch mit Depressionen verbunden. Von seiner Natur her war er nicht das, was man einen geborenen Helden nennen möchte. Er war trotz seiner außerordentlichen Begabung eher scheu und gehörte bei seinen Mitschülern und später im Klerus zu den „Stillen im Lande". Otto ging den Studienweg vieler, die von den Bergbauernhöfen in eine höhere Ausbildung geschickt wurden. Er kam ins Knabenseminar nach Brixen, das damals vor dem Ersten Weltkrieg noch die Bischofsstadt für Nordtirol war. Anschließend ging er in das Priesterseminar und feierte in seiner Heimat die Primiz. Auf dem Friedhof von Piller sieht man heute noch die Fichte, die damals als Primizbaum gesetzt wurde. Sie ist groß geworden. Aber sein Leben ist größer geworden. Es ist in die ewige Herrlichkeit hineingewachsen.

*Altfinstermünz*

Otto Neururer wirkte in vielen Orten als Kaplan und Katechet. Am Beginn dieses Jahrhunderts gab es im Lande Tirol eine Spannung, die bis in die Reihen des Klerus hinein Wellen schlug: Es ging um Aufbruch sozialen Gedankenguts in Kirche und Politik. Neururer hatte die Botschaft von „Rerum novarum" erfasst und stand auf der Seite der christlich-sozialen Bewegung. Das hat ihm bei den sehr konservativ denkenden höheren Vorgesetzten Schwierigkeiten gebracht. Er hat darunter gelitten. Aber seinen priesterlichen Eifer hat diese Hürde nicht gebrochen.

Als die Nationalsozialisten im Jahre 1938 Tirol besetzten und die Macht ergriffen, begann für die Kirche des Landes die erste harte und blutige Verfolgung der Geschichte. Sie war in Tirol besonders gründlich und brutal – wohl deshalb, weil man in vielen Kreisen des gläubigen Volkes den Widerstand spürte. Tausende waren von Schikanen, Benachteiligungen, Verhören und Gefängnishaft betroffen. Viele kamen ins KZ. Eine Reihe von Priestern wurde zum Tode verurteilt oder ermordet.

Otto Neururer war damals Pfarrer von Götzens. Als er aus berechtigtem Verantwortungsgefühl einem Mädchen von der Ehe mit einem sehr übel beleumundeten und bereits geschiedenen Mann abriet, ereilte ihn die Rache der Mächtigen. Der abgewiesene Freier war ein Freund des Gauleiters. Neururer wurde wegen „Herabwürdigung der deutschen Ehe" verhaftet und kam über das KZ Dachau in das KZ Buchenwald. Er hat unter den sadistischen Schikanen unsäglich gelitten. Aber selbst in dieser Hölle wusste er das knappe Essen noch mit Schwächeren zu teilen. In Buchenwald machte sich ein Mithäftling an ihn heran, der höchstwahrscheinlich ein „Agent Provocateur" war und ihn um Taufunterricht bat. Neururer hat die Möglichkeit einer Falle geahnt, aber er vermochte eine derartige Bitte aus seinem Pflichtbewusstsein heraus nicht abzuschlagen. Zwei Tage später wurde er in den gefürchteten „Bunker" geholt, wo man ihn mit dem Kopf nach unten so lange aufhängte, bis er tot war. Er starb am 30. Mai 1940.

Da er der erste ermordete Priester im KZ war, wurde seine Leiche zur Verbrennung in das zivile Krematorium gebracht. Und so ist die von dort übersandte Urne mit der Asche echt – wie auch andere Überprüfungen ergaben.

Nun erstrahlt die Urne, in Gold gefasst, unter dem Volksaltar seiner Pfarrkirche in Götzens. Diese Kirche gilt als eine der schönsten barocken Dorfkirchen Österreichs. Sie hat von jetzt ab doppelten Grund, ihre jubelnde Pracht zu entfalten. Wir verehren Otto Neururer als Märtyrer und Fürsprecher für die christliche Ehe und das Priestertum. Und mit diesem seltenen Doppelpatronat hat sich der kleine stille Pfarrer doch noch in die Annalen der Kirchengeschichte eingetragen.

# WORTE DER ERMUTIGUNG
## AN DEN LEBENSWENDEN

Der Apostel Paulus spricht im Römerbrief von verschiedenen Gnadengaben und nennt dabei ausdrücklich den „Ermutiger". Seine Aufgabe ist es, dem Leben aufzuhelfen, wenn es darniederliegt, Mut zu machen, wenn man vor großen Entscheidungen steht, der Dankbarkeit und Freude an den Festen des Lebens Ausdruck zu verleihen. Reinhold Stecher war diese Gabe der Ermutigung in besonderer Weise gegeben. In Tausenden von Briefen hat er schier unzähligen Menschen, die in irgendeiner Weise arm dran waren, Trost und Mut zugesprochen und in Predigten und Ansprachen zu besonderen Anlässen konnte er mit seinen Worten der Feier einen besonderen Glanz verleihen.

Jungen Menschen hat er im Rahmen der Firmung mit dem Bild von der Kletterausrüstung Gottes, welche dazu befähigt, eine gute Route im Auf und Ab des Lebens zu finden, Mut gemacht. Bei einer Hochzeit spricht er von den Lichtern und Lampen, welche den gemeinsamen Weg erhellen, und bei einer Jubelhochzeit vom Gold der Treue, das wie Waschgold oft mühsam aus dem Bach der Zeit herausgeschwemmt werden musste. Ein besonderes Anliegen waren dem Seelsorger Reinhold Stecher die Familien, die es in unserer Zeit gar nicht leicht haben. Deshalb ermutigt er zu einem „Fest der Familie" und auch Geschieden-Wiederverheirateten kann er ein Wort des Trostes und der Hoffnung schenken. Als Bischof waren ihm Priester- und Ordensberufe ein Herzensanliegen und so hat er auch diesen an Tagen der Weihe oder Profess Worte zugesprochen, die als kostbarer Proviant mit auf den Weg genommen werden konnten.

Eines der wichtigsten und bedeutungsvollsten Worte der Evangelien heißt „Aufrichten". Und wo dies geschieht, ist jetzt schon die Kraft der Auferstehung spürbar.

# Die Kletterausrüstung Gottes

## FIRMUNG

Heute haben sich der Herr Mesner und die Ministranten nicht recht ausgekannt. Am Altar sind sonst Bücher, Kännchen, Hostien, Leuchter oder ähnliche Dinge, und da kommt der Bischof und lässt sich so merkwürdige Sachen wie eine Stirnlampe, eine Eisschraube bzw. eine Alarmrakete herrichten.

Aber ich brauche diese Dinge für meine kurze Predigt. Ich möchte euch doch noch einmal, bevor ihr zur heiligen Firmung vor mich hinkniet, an die *Gaben des Geistes* erinnern. Man könnte nämlich sagen, das Leben ist fast so etwas Ähnliches wie eine Bergtour. Und für diese Bergtour braucht man eine entsprechende Ausrüstung: eben die Gaben des Geistes.

## Die Gabe der Weisheit

Das Erste, um was man in der Nacht im unwegsamen Gelände sehr froh ist, ist die *Stirnlampe*. Man trägt sie auf der Stirn oder über dem Kletterhelm, und wenn man sie einschaltet, geschieht etwas Wunderbares: Überall, wohin man den Kopf dreht, fällt ein Lichtstrahl, und wenns noch so finster und undurchsichtig ist. Auf einmal kann man sich orientieren, man kann eine Markierung sehen, an der man sonst vorbeigelaufen wäre, man sieht im Fels, wo es weitergeht, wo's gefährlich wird, wo ein Abgrund droht, wo die guten Griffe im Fels sind, die Route, auf der man zum Gipfel kommen kann …

Die Stirnlampe, die dir der Heilige Geist heute fürs Leben schenken will, ist die *Gabe der Weisheit*. Der Mensch, der sie hat, erkennt den drohenden Abgrund, die Markierung (das sind die Gebote), die sicheren Griffe und Tritte (das sind die Wahrheiten des Glaubens). Wir alle brauchen diese Stirnlampe, und ohne die Gabe der Weisheit tappen wir nur so herum. Es gibt ganz einfache Menschen, die sie haben, und bei manchen kann das ganze Studieren nichts nützen – er oder sie hat sie nicht. Da hat man eine ziemlich alte, anscheinend sehr lebenslustige und reiche Frau gefragt, was sie sich vom Leben erwartet. Sie hat ein bisschen die Augen verdreht und gesagt: „Na, was soll ich schon erwarten? Mich möglichst viel amüsieren!" Also ich habe mir gedacht, die hat die Stirnlampe nicht. Wenn jemand *nur* ans Vergnügen denkt, *nur* ans Geld oder *nur* an die Macht, dem fehlt die Gabe der Weisheit. Bei diesen Typen ist die Batterie ausgegangen oder sie haben keine Stirnlampe oder sie haben sie ausgeschaltet. Du kriegst vom Geist Gottes diese Stirnlampe. Schau, dass die Batterie nie leer wird (aufgeladen wird sie übrigens durchs Gebet).

## Die Gabe der Stärke

Das Zweite, das ich da in der Hand habe, wird manchem vielleicht bekannt sein. Es ist eine *Eisschraube*. Das ist eine ganz großartige Erfindung. Wenn man im steilen Eis zu zweit klettert, muss man natürlich eine Sicherung haben. Man kann ja nie wissen, ob nicht einer ausrutscht. Im Eis halten keine Haken, wie im Fels. Die brechen aus, vor allem, sobald die Sonne draufscheint. Diese Eisschraube apert nicht aus und sie kann sich nicht verbiegen. Sie ist aus Weltraummetall. Sie hält im Eis wie in Zement. Auch wenn alle zwei dran baumeln – sie wird halten.

Die Eisschraube, die dir der Heilige Geist für deine Tour schenken will, das ist die *Gabe der Stärke*.

Wir müssen im Glauben an Gott ganz, ganz fest versichert sein, auch für den Fall, dass wir einmal einen Sturz tun, dass es gefährlich wird. Dann muss man wissen: Die Eisschraube des Glaubens hält. Ich fliege nie in den Abgrund, und ich kann auch den anderen sicher und verlässlich halten. Wenn man diese Sicherung im Glauben hat, braucht man eigentlich keine Angst zu haben. Vor nichts. Der Heilige Geist schenke euch die Gabe der Stärke, die Eisschraube, die beim steilsten Aufstieg und in der glattesten Wand nie herausgeht!

*Die Vajolet-Türme*

## Die Gabe der Frömmigkeit

Das Dritte ist auch etwas Ungewohntes, und manche werden es noch nie gesehen haben: Das ist eine *Alarmrakete*. Ich habe sie immer bei mir, wenn ich in die Berge gehe. Es könnte ja sein, dass man mit einer Verletzung auf einem einsamen Weg liegen bleibt und niemand vorbeikommt. Oder ich komme zu einem Unfall, bei dem man allein nicht mehr helfen kann, und es wird dunkel. Dann schneide ich eine rote Rakete auf und schieße sie ab. Das sieht man weit ins Tal hinein. Vielleicht muss man's ein paar Mal tun. Das heißt: SOS, ich bin in Not, helft mir! Beim Bergfeuermachen haben wir diese Raketen nur so aus Freude abgeschossen. Ihr hättet natürlich gerne, dass ich jetzt eine abschieße, aber das geht nicht. Ihr wisst ja jetzt, wie das funktioniert.

Der Heilige Geist schenkt euch für eure Lebenstour eine Rakete, die ihr in Not und Freude abschießen könnt, und er schenkt sie euch mit viel Munition, die nichts kostet. Diese Rakete, das ist die *Gabe der Frömmigkeit*.

Beim Beten schießen wir Raketen ab. Und Gott wird sie immer bemerken. Er übersieht sie nie. Rote Raketen: Herr, hilf mir! – Grüne Raketen: Herr, ich danke dir! – Weiße Raketen: Herr, ich lobe dich …! Diese Rakete ist so leicht wie eine Füllfeder oder ein Kugelschreiber. Sie kann eine so große Hilfe sein. Aber manche Menschen werfen sie weg, die Gabe der Frömmigkeit, sie wissen gar nicht mehr, wie man diese Rakete bedient. Sie haben das Beten verlernt. Übrigens werdet ihr ja nach der heiligen Firmung Fürbitten vorlesen – na, da steigen die Raketen zum Himmel, ein ganzes Feuerwerk!

Jetzt wisst ihr, was mit der Kletterausrüstung des Heiligen Geistes gemeint war und diese Gaben möge euch der gute Geist Gottes, der die ganze Welt durchwaltet, schenken.

# Lichter und Lampen

HOCHZEIT

Es ist sicher ein ungewöhnliches Evangelium für eine Trauung, das ich hier gewählt habe, aber es ist ein Gleichnis, das Jesus aus seiner Lebenswelt gewählt hat und das seine Zuhörer wahrscheinlich etwas leichter verstanden haben als wir: das Gleichnis von den törichten und klugen Jungfrauen (Mt 25,1–13). Wenn man die Hochzeitsbräuche zur Zeit Jesu etwas genauer studiert, dann ist die Sache doch nicht so fremd und der Ärger des Bräutigams begreiflich. Auf die Hochzeit hat man in Israel großen Wert gelegt – das Fest ging über Tage. Der Höhepunkt war der nächtliche Hochzeitszug. Da holte der Bräutigam die Braut im Hause ihres Vaters ab, der Vater sprach noch ein Segensgebet und dann begleiteten die Mädchen mit brennenden Fackeln, die man immer wieder in Öl tauchen musste, das Brautpaar zum neuen Heim. Wenn ein derartiger Zug armselig ausfiel, weil die Eingeladenen nicht da waren, dann war das ebenso eine gesellschaftliche Blamage wie wenn eben der Wein bei der Hochzeit ausging. Und das ist auch der Grund, warum der Bräutigam so sauer reagierte. Es wäre so ähnlich, wenn heute bei einer Hochzeit die Musik ausfiele, weil die Mitwirkenden nicht gekommen wären, oder wenn das Gasthaus auf das Fest nicht vorbereitet wäre. Man würde auch sauer reagieren, wenn man sich auf alles verlassen hätte …

Nun zum Heute. Wir haben keine nächtlichen Fackelzüge mehr und keine Öllampen. Aber es fragt sich, ob nicht bei einer Hochzeit auch heutzutage unsichtbare Lampen und unsichtbare Ölkannen da sein müssten, damit die Freude dieser Stunde den rechten Tiefgang hat. Es fragt sich, ob es heute für den Zug ins gemeinsame Leben nicht auch Lichter und Lampen braucht, die nicht ausgehen dürfen.

## Unentbehrliches für das Leben *zu zweit*

Die erste Lampe, die nach dem Urteil erfahrener Menschen in der Ehe brennend bleiben muss, ist die Gesprächsfähigkeit, die Fähigkeit zum *Miteinander im Wort.* Viele zerbrochene Ehen haben mit dem gegenseitigen Verstummen begonnen. Und darum ist diese Lampe so wichtig. Die Mitteilung der Gefühle und der Erfahrungen, der Sorgen und das Sprechen in der Verstimmung, die kleine sprachliche Aufmerksamkeit und das Miteinander-Beten. Die Lampe der gemeinsamen Worte darf nicht verlöschen.

Eine zweite Lampe birgt ein Licht, bei dem in unserer Zeit das Öl ganz leicht ausgeht. Wir leben in einer – Gott sei Dank – guten Zeit, und wer nur ein wenig in der Welt herumschaut, der wird nicht zögern, unsere Situation hier als fast paradiesisch zu bezeichnen. Aber diese Wohlstandsgesellschaft, von der wir getragen werden, hat wie alles auch ihre Nachteile. Sie verwöhnt. Sie ermöglicht die Erfüllung von tausend Wünschen und Bedürfnissen. Wir können in volle Regale greifen. Und wir können uns relativ schnell holen, was wir haben wollen. So verlernen wir das Warten, das Verzichten, das Aufschieben von Wünschen, das Ertragen von Frust. Was wir brauchen ist *Frustrationstoleranz,* um ein wenig schönes modernes Wort zu gebrauchen. Früher hat man dazu Opferbringen gesagt. Die weiche Welle des Wohlstands bringt uns heute sehr rasch dazu, zu erklären: „Das ist unerträglich. Das halte ich nicht aus. Das muss ich haben, sonst lassen wir's. Ich gebe auf, ich schmeiße hin …" Für einen hoffentlich langen und glücklichen gemeinsamen Weg durchs Leben braucht es diese Lampe, bei der das Öl nicht ausgehen darf: die Frustrationstoleranz. Eine Liebe, die auch den einen oder anderen Frust, die eine oder andere Enttäuschung in Kauf nimmt.

Und die dritte Lampe, bei der das Öl nicht ausgehen sollte, wäre jene *Kultur der Liebe, die in der Treue gipfelt.* Und wiederum müsste man sagen, dass in unserer Gesellschaft für diese Lampe sehr oft das Öl auszugehen droht. Unsere Gesellschaft trällert den alten Operettentext „Treu sein, das liegt mir nicht …". Sie trällert ihn auf den

*Schwäne im Schlossgraben*

Seiten des Boulevards, wo man sich mit den Lebens- und Liebesgeschichten der Stars befasst, sie trällert ihn über die Bildschirme und im ganzen Feeling der Öffentlichkeit, und man meint damit, man hätte auf diese Weise die Leichtigkeit des Seins und damit das Glück entdeckt. Und doch ist es so, dass eine Liebe, deren Kultur in der Treue gipfelt, das schenkt, was man Heimat des Herzens nennt, Raum des Vertrauens, des Einander-gewiss-Seins. Im Alten Testament wird der treue Mensch einmal mit dem Zeltpflock verglichen – ein wunderbares Bild, weil der Zeltpflock im Sturm das Zelt, den Raum der Geborgenheit, hält, jenen Raum, der für euch so wichtig ist – und für die kommende Generation.

# Das Gold der Treue

## GOLDENE HOCHZEIT

Euer Fest, ihr Lieben, lässt Gold aufblitzen. Und weil zwischen Gold und Gold in dieser Welt sehr große Unterschiede sind, wollen wir ein wenig beim Gold eurer goldenen Hochzeit sinnend verweilen. Es hat mit dem Edelmetall in Banktresoren, Kronjuwelen und blitzenden Auslagefenstern wenig zu tun, auch nichts mit dem Goldenen Ehrenzeichen und Weltmeistersiegen. Es ist ein Gold von ganz anderer, hochkarätiger Art. Und gerade deshalb ist es heute so kostbar, weil es auf dem Markt unserer Gesellschaft nicht oft feilgeboten wird.

Ich meine damit das *Gold der Treue*. Dieses Gold lagert nicht in den Kellern der Banken. Man findet es auch nicht in großen Klumpen, die dickste Brieftasche kann es nicht kaufen und es notiert nicht in den Wirtschaftsblättern. Das Gold der Treue ist *Waschgold*. Es muss mühsam aus dem Bach der Zeit sozusagen in Handarbeit herausgeschwemmt werden, mit den Schüsseln der Geduld und der Zuneigung, Tag für Tag, Woche für Woche, Jahr für Jahr, mehr als 17.000 Tage lang. Es wird in kleinen Flocken gesammelt, in tausend Formen des Verstehens und des Einverständnisses, der Rücksichtnahme und einer stillen Kultur des Miteinanders. Aber wenn das Geröll und der Sand des Alltags vom Strom der Zeit weggeschwemmt werden, dann bleibt am Schluss doch immer wieder der feine, schwere Goldstaub liegen. Jetzt hat er sich zu einem Schatz angesammelt. Und über diesen Schatz dürft ihr euch freuen und wir alle freuen uns mit – und feiern eure *goldene Hochzeit*.

Dieses besondere Gold der Treue wird in unserer Zeit eher seltener – und weil das Angebot an dieser Ware knapp wird, steigt sein Wert. Treue ist nämlich nicht unbedingt eine Tugend der Epoche, in der wir leben. Die allgemeine Einstellung ist eher geprägt von einer Scheu vor Bindungen, Vorbehaltsklauseln, raschem Widerruf, Vorläufigkeit oder Flüchtigkeit menschlicher Beziehungen. Es gibt zwar, wie Befragungen zeigen, auch bei jungen Menschen eine Sehnsucht nach Beständigkeit der Partnerschaft, einem „Sich-aufeinander-verlassen-Können" – einem Beheimatet-Sein –, aber man scheut vor dem hohen Preis zurück. Die Hymne unserer Zeit stammt aus der Welt der Operette: „Treu sein – das liegt mir nicht."

Vielleicht hängt diese Schwierigkeit des Menschen neben den Versuchungen einer Wohlstandsgesellschaft, die in den Augenblick verliebt ist und von einer trügerischen Freiheit träumt, auch damit zusammen, dass die jüngere Generation so oft, was die eheliche Treue betrifft, auf zerbrochene Schüsseln und verlassene Goldwaschplätze stößt, auf Tragödien des Entfremdens und des Zerbrechens von Beziehungen. Darum ist eine goldene Hochzeit auch ein Zeugnis, ein Bekenntnis, eine Ermutigung und eine Bestätigung eines richtigen Weges: Mit Gottes Hilfe geht es.

Und damit, meine Lieben, blitzt in diese Stunde ein anderes Gold herein. Ein Gold, das mehr mit der Sonne über dem Land und mit dem Gold dieses Kelches zu tun hat, der bald für euch das größte Mysterium des Universums bergen wird. Diese Stunde wird überstrahlt von der *Treue Gottes*. Immer bewegt mich im Brevier das wunderbare Wort in Psalm 57,11: „Herr, deine Güte reicht, so weit der Himmel ist, deine Treue, so weit die Wolken ziehn."

# Der Garten, in dem
# das Leben blühen kann

## FEST DER FAMILIE

Heute feiern wir die Familie. Sie verdient einfach ein Fest – trotz allem, was sie belastet. Aber vielleicht ist es wichtig, dass wir uns im Klaren sind und auch anderen und der Öffentlichkeit erklären können, als was wir die Familie *nicht* feiern, und in welcher Hinsicht wir sie *feiern.*

Wir feiern die Familie *nicht* als ein *Idyll,* in dem alles traulich-rosarot ist und nur eitel Wonne und Freude herrscht. Wir feiern die Familie als einen Ort, der hie und da auch Spannungen aushalten muss, der Probleme kennt und in dem es Kinder geben soll, die hie und da streiten. Wir wissen, dass die Familie gefährdet sein kann, auch von innen her.

Wir feiern die Familie *nicht* als eine *Selbstverständlichkeit,* die ungefährdet, unbestritten und unberührt in unserem modernen Dasein steht. Diese Gesellschaft ist nach wie vor fleißig damit beschäftigt, gewachsene Ordnungen aufzulösen, Freiheitsvorstellungen zu pflegen, die an Dummheit grenzen, und Identitätssuche mit krasser Egoismuspflege zu verbinden. Nein, wir wissen bei diesem Fest, dass es die Familie ideologisch heute gar nicht leicht hat, aber wir feiern sie, weil noch niemand etwas Besseres als sie erfunden hat, auch der progressivste Schwätzer der letzten 40 Jahre nicht.

In Österreich können wir die Familie auch *nicht* als *sozialpolitisches Liebkind* feiern, als den verhätschelten Augapfel der Finanz- und Steuerpolitik. Sie ist es nicht. Wir danken natürlich allen Politikern, die hier auszugleichen suchen und Initiativen setzen. Aber an sich lebt man in Österreich am besten, wenn man frei und unverbindlich zusammenlebt und keine Kinder will. Dann kann man einfach die Gehälter addieren, und eine Wohnung bekommt man auch viel leichter. Nein, die finanzielle Situation der Mehrkinderfamilie ist in diesem Staate kein Festmotiv.

Und trotzdem feiern wir die Familie, feiern wir *eure* Familien, die hier sind, und die vielen im ganzen Land. Und wir feiern ohne jeden Minderwertigkeitskomplex.

## Die kleine überschaubare Welt am Beginn des Lebens

Wir feiern mit der Familie nämlich den *kleinen Garten*, in dem das Leben am besten blüht. Ich komme viel im Land herum und sehe überall die liebevoll betreuten kleinen Bauerngärten mit Blumen und Gemüse und gepflegten Quadratmetern rund um ein Heim, wo das eben möglich ist. Ich würde diese kleinen Welten nie gegen die Tulpenteppiche öffentlicher Parkanlagen tauschen. Das menschliche Leben beginnt mit dem Gesetz der kleinen, überschaubaren, erlebbaren Welt, mit dem Gesetz der Nische, mit dem Milieu des Vertrauten, das Geborgenheit ausstrahlt. Wenn der kleine Mensch ohne Reißbrett und Zirkel und den Schildern „Betreten verboten" lebt, dann muss man es zu ersetzen versuchen – aber das ist gar nicht so leicht. Und wer nicht glaubt, dass mit diesem Kleingarten der Familie nicht viel verloren geht, der soll nach Rumänien fahren und Kinderheime besuchen.

## Glauben und Lieben lernt man in der Familie …

Wir feiern mit der Familie auch *die erste Schule, in der man glauben und lieben lernt.* Vor vielen Jahren hat ein berühmter Schweizer Anthropologe und Biologe, Adolf Portmann, festgestellt, dass der Mensch eigentlich jenes Lebewesen ist, das am meisten und am längsten abhängig ist. Insekten, Vögel, Mäuse und Raubtiere schaffen das viel schneller. Die drei kleinen Bären im Ötschergebiet, die ihre Mutter verloren haben, haben glatt den Winter überlebt. Das ist bei Menschen ausgeschlossen. Dieser Gelehrte hat auch darüber nachgedacht, warum das so eingerichtet sei. Und er ist zu folgendem Schluss gekommen: Der Mensch bleibt deshalb so lange ein hilfloses und angewiesenes Wesen, damit er die höchsten Fähigkeiten lernen kann, die er als Mensch braucht: *Glauben und Lieben*.

Die Fähigkeit zum Lieben und Glauben, zum Vertrauen und Sich-verlassen-Können lernt man nicht auf der Universität, auch nicht mit drei Doktoraten. Das lernt man am besten bei zwei Menschen, die einander gernhaben und dieses Gernhaben auf die Kinder ausstrahlen. Und darum feiern wir heute die Familie als die Fachschule, die Hochschule des Liebens und Glaubens.

## … und die Dankbarkeit für ein erfülltes Leben

Und wir feiern die Familie als jene *Lebenswirklichkeit*, deren Gelingen die größte *Erfüllung und Dankbarkeit* bringt. Ich komme sehr viel herum zu alten Menschen, und jedes Mal strömt so etwas wie eine heimliche Freude durch das Zimmer einer alten Frau oder eines alten Mannes, wenn an der Wand die Fotos von den Familien der Kinder und die Bilder der Enkel hängen. Da hat dann der Lebensherbst keinen Novembercharakter. Gerade in der letzten Woche war ich bei einer sehr alten Frau und sie begann aufzuzählen: „Jetzt hab ich fünf Kinder, 14 Enkel und 28 Urenkel …" Und dann das leise Wort: „Es ist viel über uns gekommen, aber wir haben gut miteinander gehaust." Tatsächlich – auch wenn die Bilanz des Lebens viele Belastungen zeigt, Krankheit und Sorge, Krieg und wirtschaftliche Probleme, aber wenn die eheliche und familiäre Bilanz einigermaßen gut ausfällt, dann ist die Endsumme trotz allem positiv. Ich vergesse die alle nicht, bei denen diese Bilanz einen Bruch aufzeigt oder eine Tragik – da muss man schauen, wie man das Beste daraus macht und den Mut zum Leben nicht verliert. Aber heute ist einmal der Tag, wo wir die positiven Familienbilanzen feiern, diese Erfahrungen des tiefen und bescheidenen Glücks, das jede Oma erfährt, die ihren Enkel herzt.

So wollen wir den ewigen Gott, der in der Heiligsten Dreifaltigkeit ein wogendes Ineinander von Liebe ist, von Herzen bitten, dass er immer wieder in unsere Familie seine Gnade investiert, damit sie den Frieden wahren und über die Krisen kommen, damit die Liebe nicht stirbt und die Kinder gedeihen, damit die jungen Menschen aus ihr heraus den rechten Weg ins Leben finden, damit der Glaube in gesunder Weise wächst und diese Orte der Geborgenheit in einer unbehausten Welt erhalten bleiben. Der Ewige, der selbst in einer Familie lebte, weiß das alles. Er ist, dessen bin ich mir sicher, mit seiner ganzen Hingabe die Mitte dieses Festes.

# Die große Stunde
## am Jakobsbrunnen

FÜR GESCHIEDENE UND WIEDERVERHEIRATETE

Wir wollen bei dem verweilen, was wir eben gehört haben. Ich möchte die Stunde am Jakobsbrunnen (Joh 4,1–26) nur in ein paar großen Strichen skizzieren und einprägen. Im Johannes-Evangelium haben alle Einzelergebnisse eine besondere Weite und Sinntiefe. Da steht kein Wort umsonst.

## Der Herr bricht Tabus

Er missachtet die Gepflogenheiten, die sich aus der jahrhundertealten Feindschaft zwischen Juden und Samaritanern gebildet haben. Man hält Distanz. Man zeigt Verachtung. Christus fegt dieses Tabu beiseite. Aber nicht mit der Geste der Herablassung, sondern als müder Wanderer.

Und er missachtet auch das Tabu, das ihm als Rabbi verbietet, eine fremde Frau, noch dazu eine Samaritanerin, auf der Straße anzusprechen. Er bricht es mit der inneren Freiheit, die die Jünger dann den Kopf schütteln lässt.

Und schließlich bricht er auch das Tabu, mit einer „Sünderin" zu sprechen. Denn in diesem Frauenleben ist einiges nicht in Ordnung. Die anderen haben ihm das ja mehr als einmal vorgeworfen, dass er mit den Sündern verkehrt. Er hat ihnen geantwortet, dass ein Arzt doch zu den Kranken gehen müsse. Hier, am Brunnen von Sychar, stößt er auf ein Leben mit Brüchen.

Der Herr bricht Tabus, weil die Liebe die Kategorie des Tabus eigentlich nicht kennt.

## Die Gnade kommt zuerst

Mit seiner Bitte um Wasser beginnt er die Botschaft vom „lebendigen Wasser", jenem uralten Symbol des Heils. Er sagt zur Frau nicht: „Zuerst müssen wir einmal von Ehegeschichten reden, den fünf Männern, und dem Typ, den du jetzt hast …" Nein, er spricht von jenem tiefsten Durst, den das Menschenherz kennt, von dem Heil, das Gott schenkt, von dem im Orient so hochgeschätzten „lebendigen Wasser". Und er geht noch weiter im Gespräch mit dieser Frau: „Wer von diesem Wasser kostet, das ich schenke, der wird selbst zur sprudelnden Quelle." Das gilt auch für diese Frau mit Vergangenheit.

## Er weicht dem heiklen
## Thema nicht aus …

Aber er streift es vornehm, sachlich, deutlich, doch ohne große moralische Entrüstung. Er weiß, dass er den Finger auf der Wunde hat. Aber er wühlt nicht drin herum. Es hat sie doch bewegt. „Kommt her, seht, da ist ein Mann, der mir alles gesagt hat. Vor ihm konnte ich nichts verbergen und verdrängen", wird sie wenig später zu den anderen Frauen sagen.

## … aber verliert sich nicht im Problem

Aber der Herr verliert sich nicht in diesem Problemkreis, der ja für die Gesprächspartnerin belastend ist.

Er geht auf die religiöse Wendung des Gesprächs sofort wieder ein. Es geht um das Heil, das von den Juden kommt, und das doch für alle da ist und über das Judentum hinausgreifen wird, und das in eine neue Anbetung, eine neue Religiosität, eine neue Frömmigkeit mündet, die vom Geist her getragen ist. Er sagt nicht zu dieser Frau: „Für dich ist das natürlich nichts, du musst ganz andere Voraussetzungen erfüllen, dein Leben ist falsch gelaufen."

Daraufhin verschlägt es den Jüngern die Rede. Aber diese Frau, die nun nicht gerade die würdigste Repräsentantin des samaritanischen Volkes gewesen ist, sie wird die Erste, die in Samaria den Messias verkündet.

In diesem Evangelium ist viel Trost. Wenn ich für eine etwas andere Sicht in der Frage der Sakramente für wiederverheiratete Geschiedene plädiert habe, dann habe ich immer wieder an dieses Evangelium gedacht. Wenn ich in den vielen, vielen Beichten, die ich in diesem Land gehört habe, auf diese Problematik gestoßen bin, habe ich daran gedacht. Wenn man nach der Mentalität von Fernsehsendern über alle Bindungen hinweggeht und im Partnerwechsel nur eine Formalität sieht, habe ich an Christus gedacht, der die Dinge schon beim Namen nennt. Aber mir ist auch immer dieser Jesus eingefallen, der da einer so belasteten Frau eine Stunde widmet, genauso wie dem Nikodemus in der Nacht in Jerusalem (Joh 3,1–13). So viel Zeit hat er für sie, er, der unendliche ewige Logos, der Schöpfer der Welt. Es ist so viel Trost in dieser Stunde am Jakobsbrunnen. Es war doch eine Demonstration des Angenommenseins von diesem Christus, trotz allem, was da quer liegt.

Ich bete, dass etwas von diesem Geist in die Kirche übergeht. Ich bete, dass Sie Mut fassen, Vergangenes menschlich bewältigen, auch ein Verständnis dafür haben, dass die Kirche in einer Welt sich auflösender Werte auf die Würde der Ehe verweisen muss, aber eben auch, dass für jeden Menschen dieser Weg zum Heil offen steht. Ich danke Gott, dass die Bischöfe von Mainz, Stuttgart und Freiburg in einer gemeinsamen Erklärung Wege gewiesen haben, und ich nehme dieses Schreiben als kirchliches Dokument auch für unsere Diözese ernst, weil ich die theologische Qualität dieser drei Bischöfe sehr wohl einzuschätzen vermag.

Ich möchte Ihnen wünschen, dass Sie immer wieder ins Gespräch mit diesem Christus kommen, wie die Samaritanerin, und sich von ihm erkannt, ernstgenommen und getröstet wissen. Er hat überall, wo der gute Wille anklopft, die Schranken vor dem Heil aufgezogen.

# Der Morgen am See

Ihr habt das Evangelium von jenem denkwürdigen Morgen am See von Tiberias (Joh 21,1–19) für den Morgen eures Priesterlebens gewählt. Diese Stunde barg für die Jünger so viel Zeitloses, so viel Geheimnis und so viel Verheißung, dass sie sich wohl tief in die Erinnerung eingegraben hat. Und so möchte ich euch einladen, liebe Freunde, sozusagen auch ins Boot zu steigen, das da durch die Nacht fährt, die Fischgründe verfehlt und die Netze auf der falschen Seite auswirft … Der Ablauf eines Morgens vor zweitausend Jahren gilt auch für euch.

Da ist also zunächst die *lange Nacht des Frusts*, der enttäuschten Erwartungen und der müden Ruderer ohne Fang. Wir kennen es alle, das Erlebnis des „Umsonst". Eine Generation, die in einer technischen Welt sowieso auf den schnellen Erfolg eingestellt ist, mag solche Frustrationen noch intensiver erleben.

Auch im Blick auf die Zukunft, sozusagen als Grundstimmung der Angst vor dem Scheitern des Fischzugs, einem nicht recht funktionierenden Kirchenboot, einem verfehlten Umgang mit den Netzen oder einfach der davonschwimmenden Fische. Jeder von euch ist schon auf ähnlicher Nachtfahrt gewesen, und das Leben wird solche Fischzugpleiten im Gottesreich immer wieder parat haben. Frust ist natürlich lähmend. Vor allem dann, wenn er sich zur Grundstimmung auswächst.

Das hat wohl auch der Herr gewusst. Darum hat er in der Morgendämmerung für ein *Geschenkerlebnis* gesorgt. Für das Unverhoffte, nach dem Umsonst-Gefühl die Trotzdem-Freude. Das haben die Jünger damals gebraucht und der Herr weiß, dass wir es auch heute brauchen. Nicht in der Form eines selbstüberschätzenden Triumphalismus, wohl aber in der Form der Ermutigung. Natürlich ist dieser Erfolg nur möglich, wenn man beim Netze-Auswerfen auf den Herrn

*Morgen am Bergsee – Oberseitsee, Defereggen*

hört. Aber er wird dann immer wieder für diese Geschenkerlebnisse sorgen, und zwar wirkliche, konkrete, real erlebbare, ja zählbare Erfahrungen, wie die 153 Fische von damals, die die Berufsfischer auch gezählt und nie mehr vergessen haben. Der Herr weiß, dass wir die Motivation des Geschenkerlebnisses brauchen, und er wird uns das nie versagen.

Er lässt uns einmal eine Nacht lang auf dem See mit leerem Boot herumirren, aber nicht ein Leben lang. Jeder Seelsorger, der seine Sache ernst nimmt und beim Netze-Auswerfen auf den Herrn hört, wird auch diese positiven Erfahrungen hereinziehen können, und zwar so, dass er es allein gar nicht kann, sondern andere zu Hilfe rufen muss.

Auf dieses Geschenkerlebnis folgt das große *Erkennen*. Das Staunen des Johannes „Es ist der Herr", und die stürmische Zuneigung des Petrus, der ins Wasser springt, um ans Ufer zu waten. Das Erkennen „Es ist der Herr" ist eine weitere Voraussetzung für das, was eben dieser Herr mit euch vorhat. Dieses große Erkennen müsste eigentlich am Ende eines langen Theologiestudiums stehen, das tiefe Erfassen Christi, seines Heilsgeheimnisses, seiner Botschaft, seines Heilswillens, seiner Offenbarung. Sie sollte immer klarer werden, die Gestalt, die im Morgennebel am Ufer steht.

## Die Einladung zum Mahl

Und auf die Erkenntnis folgt die *Einladung zum Mahl*. Das Kohlenfeuer des Herrn wartet mit Brot und Fisch. Das Mahl, in das sie, die Apostel, auch ihren Fang einbringen dürfen. Wir wissen, dass die Einladung zum Mahl im Alten Orient ein ganz anderes Gewicht hatte als in unserer Zivilisation. Darum braucht das Mahl nicht viele Worte. Schweigend sitzen sie da und niemand wagt ihn anzusprechen, aber sie wissen, wir sind bei ihm, wir sind seine Gäste und wir sind geborgen. Es ist nicht die Stunde der Probleme, der Ungewissheiten und der Zweifel, die sich sonst so gerne in den Vordergrund spielen. Wir sind seine Gäste und das genügt. In der Begegnung mit Christus in der Eucharistie müssten eigentlich die Alltagssorgen ausrollen und ausplätschern wie die Wellen des Sees an jenem Morgen neben dem Kohlenfeuer. Ich wünsche euch solche Stunden, liebe Freunde!

Wir brauchen sie, und der Herr hat es gewusst, dass wir sie brauchen, jene Augenblicke, in denen Schweigen und Beisammensein genug sind …

Nach dieser beruhigenden Erfahrung kommt die *Frage.* Jene Frage, die unsere letzte Existenz betrifft: Liebst du mich? Diese Frage wühlt fast notwendigerweise eine Wolke auf, einen Schatten von Trauer. Wir wissen, dass unsere Antwort nicht sehr verlässlich ist, wir wissen es aus Erfahrung. Aber das stört den Herrn nicht.

Er geht darüber hinweg. Er will nur Ehrlichkeit. Über die Wolke geht er hinweg, so wie die Morgensonne am See die Nebel durchbricht und sie auflöst. Und so wagen wir es doch zu sagen, im Wissen um unsere Fragwürdigkeit und mit dem Blick in diese nebelauflösende Sonne: „Herr, du weißt, dass ich dich liebe …“

Dann erst, nach all diesen Vorspielen und Präludien, kommt der *Auftrag,* der nunmehr zumutbare Auftrag. Weide meine Schafe! Nein, Christus holt sich in diesem Vorgang nicht ein paar Arbeitskräfte, die er braucht, Personal, das er einstellt. Angestellt mit einem Pflichtenkatalog, einer fixen Dienstbeschreibung und genau geregelter Arbeitszeit. Am Seeufer von Tiberias wird kein Job vergeben. Da wird eine ganze Person angesprochen und ein ganzes Leben verschenkt:

✫ nach der Erfahrung der Nacht, die so frustrierend war,
✫ nach dem Geschenkerlebnis, das so viel Mut machte,
✫ nach der Erkenntnis, dass hinter allem Heil der Herr steht,
✫ nach Stille und Geborgenheit des Mahls, das die große Freundschaft bedeutete,
✫ nach der Frage, die das innerste Herz trifft und die Nebel verscheucht,
✫ nach all dem, liebe Freunde, kommt die Aufgabe: Weide meine Schafe …!

*Gorges du Tarn – Cevennes*

Ich glaube und ich hoffe, dass sich die Phasen dieser Morgenstunde immer wieder auf eurer Fahrt auf dem See des Lebens abspielen werden, in ständig neuen Variationen, aber immer unter der einen Regie der Gnade, und auf diese Regie der Gnade ist Verlass. Wer jemals einen solchen Morgen auf dem See erfährt, kann nicht ohne Hoffnung bleiben.

# Die Predigt vom Licht

## TAG DER ORDENSFRAUEN

Eigentlich möchte ich heute lieber nicht selber predigen, sondern den Dom predigen lassen. Er ist ein guter Prediger, das hat er in den letzten Tagen bewiesen. Und die Predigt, die er uns heute hält, ist die Predigt vom Licht. Die Barockbaumeister hätten gejubelt, wenn sie das elektrische Licht zur Verfügung gehabt hätten. Denn das Licht war ihnen im Streben nach dem Gesamtkunstwerk ein ganz wesentliches Element der Schöpfungen – auch das Sonnenlicht. Nun hält der Dom die Predigt vom Licht. Drinnen in der Sakristei ist die große Schalttafel, die das Licht in verschiedenen Stufen fluten lässt. Ich möchte es jetzt mit den göttlichen Lichtkaskaden, dem herabstürzenden Licht des liebenden Gottes, ähnlich machen.

Der erste Schalter: die lichtdurchflutete hohe Kuppel. Wir denken an das Wort der Schrift:

> „Gott ist Licht, und Finsternis
> ist nicht in ihm" (1 Joh 1,5)

Sicher ist Gott wie das Sonnenlicht, in das man nicht hineinschauen kann, das überall präsent ist und ohne das es kein Leben gibt. Aber die Lichtquelle des Unendlichen ertragen unsere Augen nicht. Nur möchte uns die Heilige Schrift sagen: „Ihr sollt kein finsteres, verdunkeltes, drohendes, belastendes Gottesbild haben." Ihr müsst immer wissen, dass ihr als Wandernde im Glauben zwar durch den Nebel geht, der oft kalt, schwer und zäh über unserer Seele und unserem Alltag liegt. Aber es ist doch so wie gestern früh. Da war ich auf der Nordkette und habe das schönste Nebelmeer in diesem Jahr gesehen. Über einem See, der in alle Täler hineingereicht hat und unter dem es trüb und kalt war, war droben strahlende Klarheit und Helle, ohne eine Wolke, und es war so warm, dass man in Hemdsärmeln sitzen und staunen konnte. Das ist das Erste, was der Dom uns sagen will: „Über euch ist immer Licht, absolutes, ungetrübtes Licht. Lasst euch durch die Nebel nicht irritieren. Die vergehen. Ihr sollt im Wissen von einem strahlenden Gott beten und träumen und getrost sein."

Der zweite Schalter: Die Scheinwerfer fassen den Altar, den Tabernakel, das blitzende Silber rund um das Geheimnis der Geheimnisse. Und wir denken an das Schriftwort:

## „Ich bin das Licht der Welt" (Joh 8,12)

Das Licht, das zu uns herabgestiegen ist, aus den Kuppeln des Himmels auf den Boden der Erde: Jesus Christus, das Licht der Welt, dessen Licht in der Finsternis leuchtet. Vielleicht muss man sich heute auch das einmal vor Augen halten: Bei Sitzungen, Konferenzen, Besprechungen, Gesprächen, Auseinandersetzungen, beim Bücherlesen und Briefeschreiben drängt sich ja bisweilen der Eindruck auf, als sei das Christsein vor allem ein Problem. In deutschen Landen ist man ganz besonders problemselig. Natürlich gibt's Probleme in der Kirche und sie machen auch mir genug Kopfzerbrechen. Aber der Dom sagt uns heute Abend: „Schiebt doch einmal die Lasten beiseite, die das Christsein so mit sich bringt, und schaut doch einmal, wie viel Licht der Glaube an Jesus im Dasein aufleuchten lässt. Was da alles aufblitzt, an Sinn und Wert, Erhellung, Durchblick und Einsichten, und wie vieles im Licht Christi doch anders ausschaut, bis hin zu den dunklen Winkeln der Ängste, des Leides und Todes. Manche haben geglaubt, die Befreiung vom Glauben, das Abstreifen der Bindungen und so genannten Zwängen könnte das Leben leichter machen. Aber der Unglaube muss mit der Dunkelheit des Nichts vorliebnehmen, die letztlich das Leben belastet – vor allem, je älter man wird. Wir dürfen in der Freude des Lichts leben, das Jesus Christus ist.

Und der dritte Schalter betrifft nun die kleineren Lampen für die Bänke und Eingänge, hinter jedem Gesims und über dieser Nische. Damit meint der Dom uns. Und wir erinnern uns an das Wort des Evangeliums:

*Der kleine Schwesterngarten in Hochrum*

## „So soll euer Licht vor den Menschen leuchten!" (Mt 5,16)

Gott führt uns nicht nur ein Feuerwerk des Lichtes vor, das wir passiv bestaunen. Er spannt uns in die Ströme seines Lichts ein, als Reflektoren, Lampen und Lämpchen, Kerzen und Zündhölzer. – So soll euer Licht vor den Menschen leuchten. Ich darf euch schon sagen, dass ihr, liebe Schwestern, mit eurer Tätigkeit viele, viele kleine Lichter anzündet – aber ihr sollt euch auch dessen bewusst sein. Hie und da lässt nämlich ein Windstoß unsere kleinen Lichter verlöschen, ein kleinkarierter Streit, eine Überlastung, ein heiliger „Grant", wie man in Tirol sagt, eine lächerliche Aggression. Lasst euer Licht leuchten! Ich wünsche mir, dass das Licht der Ordensfrauen in der Kirche überhaupt etwas heller leuchten würde, nicht nur in den so wichtigen sozialen oder erzieherischen Diensten, sondern auch im spirituellen Bereich und im Bereich kirchlicher Leitungs- und Führungsaufgaben …

Wenn das Licht in unserem Herzen und in unserem Wesen zu leuchten beginnt, sind es auch nicht wir, die es einfach anschalten. Da schaltet ein anderer. Das ist eigentlich das Werk des Heiligen Geistes: „Komm, o Geist der Heiligkeit, aus des Himmels Herrlichkeit sende deines Lichtes Strahl …"

Das sind die drei Schalter:

*„Gott ist Licht, und Finsternis ist nicht in ihm"* – der Vater.
*„Ich bin das Licht der Welt"* – der Sohn.
*„So soll euer Licht vor den Menschen leuchten"* – das Walten des Heiligen Geistes.

Wenn ihr nach oben zur Decke schaut, dann blickt das Geheimnis des dreifaltigen Gottes – des Vaters, des Sohnes und des Heiligen Geistes – auf euch herab. So hält uns der Dom die Predigt vom Licht. Und er kann es besser als alle Worte.

# Gottes Goldschatz

In dieser Stunde geht viel durch euer Herz und eure Erinnerung. Es ist wie bei einem Ruheplatz hoch über der Waldgrenze. Man schaut zurück auf die Talstraße des Lebens, durch die man gewandert ist. Hie und da kommt ein Stück von den mühsamen Serpentinen in den Blick, da und dort vielleicht ein Umweg mit einem übersehenen Wegweiser. Und streckenweise bleibt der Weg verborgen, manchmal steigt ein Lächeln auf, manchmal ein Seufzer der Erleichterung für das, was vorbeigegangen ist, manchmal ein bisschen Bitterkeit – aber am Schluss biegt der Weg doch herein in die Bergblumenwiesen zum heutigen Rastplatz und es überkommt uns eine große Dankbarkeit. Alles, liebe Jubilarinnen, was euer Herz bewegt, liegt auf meiner Patene – da ist es aufgehoben beim Herrn und wird gewandelt – in jenes Leben, das nicht vergeht.

Aber für uns Mitfeiernde, Schwestern und Gäste, erhält heute eure schlichte Klosterkirche einen besonderen Glanz. Sie wird sozusagen ein wenig umfunktioniert zum Juweliergeschäft Gottes: wenn fünfzehnmal Gold dasitzt mit den Fünfzigjährigen und zweimal Diamanten der Sechzigjährigen und einmal ein Brillant, ein kostbarer Solitär der siebzigjährigen Ordensprofess. Darum darf ich ein wenig bei diesem Glanz verweilen und wähle drei Worte über das *Gold* in der Heiligen Schrift.

Das *erste* Goldwort ist aus dem ersten Petrusbrief (1,7): „Dadurch soll sich euer Glaube bewähren und es wird sich zeigen, dass er wertvoller ist als Gold."

Das ist das erste Gold, das euch heute schmückt – der bewährte, der erprobte Glaube. Ihr habt damals auf keine falsche Währung gesetzt, die in den Inflationen der Geschichte ihren Wert verliert wie so vieles, was als gute Währung ausgegeben wurde und in einer Geldentwertung auf einmal nichts bedeutete – nein, ihr habt auf den

Herrn gesetzt, auf sein Wort, seine Wahrheit, seinen Weg, seine Gnade, und so seid ihr eure Wege gegangen im nicht immer leichten Alltag Barmherziger Schwestern, mit mancher Überforderung, in Küche und Kindergarten, Operationssaal und Krankenstock, Nähstube und Armendienst, Schule und Heimerziehung, Exerzitienhaus und Direktionszimmer, Altenheim und Labor, Ordensverantwortung und Kirchenamt, in Heimat und Mission.

Und heute dürft ihr bei der Erneuerung der Gelübde doch leise dazuflüstern: „Es hat mich nicht gereut ... Wir haben mit diesem Weg des Glaubens einen Wert gewählt, der alle Goldbarren der Erde übertrifft."

## Im Juweliergeschäft Gottes

Den *zweiten* Goldspruch aus der Heiligen Schrift wähle ich aus dem Buche Tobit im Alten Testament (12,8): „Besser barmherzig sein, als Gold aufzuhäufen."

Da blitzt im Goldschmiedschaufenster Gottes ein edles Metall auf, das Jesus besonders geschätzt hat: der Goldschmuck des Barmherzigen. Davon ist viel durch eure Hände gegangen. Wenn ich nur in meinem Leben bedenke, wo mir in der Kettenbrücke Hilfe und Güte begegnet ist, von der Kindergartenschwester in Mühlau angefangen, bei der Pflege meiner schwerkranken Mutter nach dem Tod des Vaters, auch uns kleinen Kindern gegenüber, in der Betreuung, die ich selbst als Patient erfahren habe, in den unzähligen Diensten in unserer Kirche, die ich als Bischof erlebt habe, in der guten Hand für junge Menschen in euren Bildungseinrichtungen. An der Pädagogischen Akademie ist mir immer aufgefallen, dass aus den Schulen der Kettenbrücke keine Absolventen mit antikirchlichen Komplexen kamen. Ich denke an alle Hilfe in Pfarren und geistlicher Betreuung, in Gastfreundschaft und in der Diätkost für Mittellose. Es ist viel Gold der Barmherzigkeit durch eure Hände geflossen, hinaus zu den Menschen. Heute darf es einmal in der Sonne des Jubiläums blitzen.

Aber es nimmt mir hoffentlich niemand übel, wenn ich zu dieser Bewunderung für die verschwenderisch ausgeteilte Nächstenliebe auch in einer Festansprache ein kleines Bedenken anmelde. Ich tue es nur deshalb, weil ich in den vergangenen Jahren 1500 Schwestern in Exerzitien betreuen durfte und mir dieses Problem oft begegnet ist. Es geht um das Gold der Herzlichkeit in den eigenen Reihen. Es ist einfach so, dass das klösterliche Leben ein Miteinander auf etwas engem Raum verlangt. Und da können oft unwichtige Dinge groß werden, Lächerlichkeiten zu Problemen, es gibt Empfindlichkeiten, Reibungsflächen – das ist ganz natürlich. Und älter werden wir auch. Darum mein Bitte: Versteckt das Gold des herzlichen, offenen Miteinanders nie hinter den Kühlschränken von Autorität und Gehorsam, unpersönlichem Umgang, versteckt es nie in den oft kleinkarierten klösterlichen Alltagsproblemen. Lasst das Gold der Barmherzigkeit, von dem ihr so viel verschenkt, auch im ureigensten Bereich fröhlich blitzen!

Ich habe noch einen *dritten* Goldspruch aus der Heiligen Schrift gefunden. Er wird euch ein wenig verwunderlich in einer so feierlichen Stunde vorkommen. Aber er steht nun einmal in der Heiligen Schrift, im Buche Jesus Sirach (32,6) – und darum wage ich ihn getrost, auch wenn er gar nicht besonders fromm klingt: „Ein Smaragdsiegel in goldener Fassung, das ist ein Gesang bei köstlichem Wein …"

Hier fordert uns der Heilige Geist auf, das Gold der Lebensfreude aufleuchten zu lassen. Auch dieses Gold liegt im Juwelenschaufenster Gottes. Da lacht das Gold einer gewissen Unbeschwertheit, das Gold der fröhlichen Stunden und das Gold des Humors. Gott sagt uns, dass wir uns hie und da, wie es kommt, auch etwas gönnen sollen. Und ich stelle immer wieder fest, dass alte Menschen durchaus die Fähigkeit zu diesem gelassenen Ja zum Leben haben können. Für die äußeren Verhältnisse ist ja gesorgt – ich brauche mir nur euer wunderbares Vinzenzheim anschauen. Nirgendwo steht geschrieben, dass zum Leben einer Ordensschwester immer entsagungsvolle Seufzer und ein pseudofrommer Grant gehören. Beim Kreuz, zu dem wir auch Ja sagen, lassen wir es bei dem bewenden, was uns Gott schickt. Er wird auch die nötige Kraft dazugeben. Aber das Gold der Lebensfreude gehört zu euren Häusern, auch wenn die Belegschaft dem reiferen Alter zuzuordnen ist. Aber es gibt fröhliche Alte und unter Umständen recht jugendliche Jammerer.

Liebe Schwestern, zu eurem Jubelfest soll uns *das Gold des bewährten Glaubens, das Gold der tätigen Barmherzigkeit und das Gold der Lebensfreude* in dieser Stunde alle erfreuen.

# Das einfache Sterben

Der Tod hat viele Gesichter. Heute hat uns das Sterben einer schlichten Frau zusammengeführt, die still aus der Welt gegangen ist. Bei diesem Tod blitzt keine Sense auf, da schlägt kein unerbittliches Schicksal zu. Eher werden wir an einen Wagen erinnert, der abends, hochbeladen mit den Garben, nach Hause fährt. Es ist ein Tod, der zu einem besinnlichen Verweilen einlädt. Ich glaube, dass ein Tod wie dieser, so schwer er für die Betroffenen ist, doch auch eine Stunde der Gnade ist.

Am Grabe einer Mutter werden die Gewichte der Welt verschoben. Am Grab einer Mutter wird das Kleine groß und das Große klein. Die Zärtlichkeiten, die guten Worte, die tausend kleinen Handgriffe, alles Hoffen und Erwarten, Mitfreuen und Mitleiden, das man von einer Mutter erlebt hat – das alles beginnt an ihrem Grab jene Bedeutung zu gewinnen, die es in Wirklichkeit ja auch für unser Leben hat. Das Kleine wird groß – die heute so oft verdächtigte, verachtete, als bloße Einschränkung empfundene Welt der Mutter lässt alle Karrieren, Schreibtische, Schalttafeln und Katheder verblassen. Eine gute Mutter ist mehr. So oft wir einem Menschen begegnen, den wir schätzen, müssten wir doch nach Gott zuerst der Mutter danken.

Der Heimgang dieser einfachen Frau hat uns hier zusammengeholt, Verwandte, Bekannte, aus dem Lebens- und Berufskreis der Familie, Anteilnehmende, Junge, Alte. Aber lässt uns diese Feier nicht etwas Gemeinsames entdecken, ganz gleich, aus welcher Welt und welcher Situation wir zu dieser Stunde hierher aufgebrochen sind? Hat eine Seelenmesse nicht eine Ähnlichkeit zu jener ersten Paschafeier der Israeliten, von der es hieß: „So sollt ihr es essen: eure Hüften gegürtet, Schuhe an den Füßen, den Stab in der Hand. Esst es hastig! Es ist die Paschafeier für den Herrn" (Ex 12,11).

*Herbstliches Bergtal – Mühlbachtal, Osttirol*

Ist es nicht so, dass uns die Feier eines Heimganges wieder in heilsamer Weise in Erinnerung ruft, dass wir Wanderer zwischen beiden Welten sind und nicht nur hastige Ameisen in einer geschäftigen Welt? Fällt nicht in diesem Augenblick vieles Unwichtige ab und drückt nicht das Wort des Dichters die Gedanken unseres Herzens aus:

*„Sie ging den Weg, der uns bleibt zu gehn.*
*Sie hats bestanden, wir müssen bestehn.*
*Zur Hochzeit rief Gott sie in Gnaden:*
*Wir alle sind später geladen."*

Und immer wieder verirrt sich in die Gebete für einen heimgegangenen Menschen auch eine Frage, die uralt ist und doch nie aufhört: Was ist mit ihr? Was kommt auf uns zu? Was ist jenseits dieses Verlöschens? – Wir wissen zu gut, dass alle Bilder von diesem anderen verblassen, alle Fantasien trügen, alle Begriffe versagen, alle Dimensionen nicht mehr gelten, dass Raum und Zeit vor den Toren der Ewigkeit zurücktreten. Aber nach dem, was Gott uns mitgeteilt hat, gilt eines: Für jeden Suchenden und Ringenden wird dieser Augenblick des Todes die große Umarmung sein. Vielleicht trifft dieses mütterliche Bild das besser, was Gott uns bereitet hat, als alle Weisheit der Theologen. Er wird uns umarmen. Es wird der Augenblick des großen Verstehens und Findens sein. Wir müssen nur ihm zugewandt bleiben.

So ist der Heimgang der lieben Verstorbenen für uns alle eine dreifache Botschaft: die Botschaft vom Wesentlichen im Leben, die Botschaft vom Vergänglichen und unserer Wanderschaft und die Botschaft von der großen Geborgenheit.

GEERDETER GLAUBE

Auf die Frage eines Journalisten „Wofür steht Reinhold Stecher?" habe ich spontan geantwortet: „für einen geerdeten Glauben". Geerdeter Glaube durchwirkt das Leben wie der Sauerteig das Mehl und gibt dem Leben Geschmack wie der Sauerteig dem Brot. Geerdeter Glaube ist auch wie ein Licht, das unser Dunkel aufhellt. Jesus von Nazareth, der Sohn Gottes, ist ganz tief in unsere Menschennatur eingetaucht, von der Geburt in Bethlehem bis zum Tod am Kreuz. Deshalb kann christlicher Glaube nur dann das Gütesiegel der Echtheit tragen, wenn er unsere irdische Wirklichkeit ernst nimmt und wie Sauerteig durchwirkt.

Wenn Reinhold Stecher bei der Visitation einer Pfarre vom Straßenbauprogramm in der Gemeinde spricht, dann geht es um Wegbereitung für das Kommen Gottes im Leben dieser Pfarrgemeinde. Wenn er bei einem Caritasfest ganz realistisch die Stufen christlicher Nächstenliebe benennt, dann beschreibt er damit auch, wie Gottes Menschwerdung weitergeht. Er ermutigt auch, die Freundschaft mit dem Rosenkranz zu entdecken, denn für ihn „ist er ein höchst modernes Gebet, eine Weise der Gottesbegegnung für heute und morgen".

Ganz im Irdischen verwurzelt und beheimatet, lässt er in der Meditation „Kinderspiel und Ewigkeit" alle, die wie er „Gott in allen Dingen suchen", an seinem Glauben und an seiner Hoffnung teilhaben. Denn er ist überzeugt, dass Gott seine Ewigkeit in alles – auch in unser Herz – gelegt hat (vgl. Koh 3,11).

# Das Straßenbauprogramm in der Gemeinde

Die Worte des Propheten Jesaja dürften uns Tirolern eigentlich gar nicht so fremd und archaisch vorkommen, auch wenn sie schon 2700 Jahre alt sind:

> *„Eine Stimme ruft:*
> *Bahnt für den Herrn einen Weg durch die Wüste!*
> *Baut in der Steppe eine ebene Straße*
> *für unseren Gott!*
> *Jedes Tal soll sich heben,*
> *jeder Berg und Hügel sich senken.*
> *Was krumm ist, soll gerade werden,*
> *und was hüglig ist, werde eben.*
> *Dann offenbart sich die Herrlichkeit des Herrn,*
> *alle Sterblichen werden sie sehen.*
> *Ja, der Mund des Herrn hat gesprochen"* (Jes 40,3–5).

Was den Straßen- und Autobahnbau betrifft, haben wir in den letzten Jahrzehnten ja allerhand mitbekommen. Wir wissen, dass das moderne Leben diese Netze einfach braucht. Auch Gottes Gnade braucht ein Wegenetz. Und das wollen wir uns gleich merken: Wir können für Gottes Gnade nur die Bahn herrichten, den Weg ausbessern, da und dort eine Brücke schlagen. Kommen muss ER. Ohne seine Gnade wäre alles umsonst. Aber ich bin sicher, wenn er uns da herunten auf seiner Erde beim Wegebau beobachtet und sieht, dass wir uns mühen, dann wird ER auch auf diesen Wegen kommen.

# In der Gemeinde

Auch wenn ich ein Nachbar bin, gleich über dem Inn, so habe ich in diesen letzten Tagen doch mitbekommen, dass in St. Nikolaus eine richtige Straßenmeisterei am Werk ist, mit vielen Mitarbeitern. Am Wegenetz der Pfarre ist schon etwas los. Es wird gebaut an den Verbindungen zu Jung und Alt, über Gottesdienst, Jugendlager und Geburtstagsgruß. Dafür muss ich unbedingt eurem Seelsorger danken, der die Pfarre mit ihren vielen Verpflichtungen übernommen hat, und der ja den Älteren kein Unbekannter war. Er weiß am besten, wie viel treue Mitarbeiter wert sind.

Und dann danke ich dem ganzen Seelsorgeteam. Weil ich den Eindruck habe, dass da selbstlos zusammengearbeitet wird, ohne Intrigen und Empfindlichkeiten, wage ich es stellvertretend für alle anderen drei Menschen zu nennen, drei aus den drei Generationen, die viel für die Pfarre getan haben. Für die ganz Alten möchte ich eine Frau erwähnen, die nicht mehr da sein kann, die nur die Glocken von ihrem Zimmer aus hört. Sie hat durch Jahrzehnte in Kirche, Sakristei und Friedhof gewerkt. Ich habe sie besucht, und wir wollen ihrer dankbar gedenken.

Für die Erwachsenen danke ich einem unermüdlichen Mitarbeiter, der wie ein Straßenbauingenieur in der Gemeinde seit Jahren die Trassen durch die Landschaft der Zeit legt und unzählige Überstunden für den lieben Gott gemacht hat.

Und von der jungen Generation möchte ich stellvertretend dem gesamten Team einer Lehrerin danken, das seit zehn Jahren die Jungschar betreut. Wenn man Lehrerin bei behinderten Kindern ist, hätte man vielleicht hie und da auch das Bedürfnis, seine Freizeit anders zu verbringen. Vergelts Gott für alles!

## In der Weltkirche

Es ist ganz recht, wenn Tirol geöffnet ist für fremde Devisen. Nur herein damit. Aber wir müssen auch geöffnet sein für fremde Not. Internationalität ist keine Einbahnstraße. Es ist gut, wenn die jungen Menschen fremde Sprachen lernen, aber wir müssen auch lernen, fremde Not zu verstehen. Die St. Nikolauser haben in dieser Hinsicht ja auch schon eine Tradition. Sie haben für den lieben Gott nicht nur Straßen der Liebe gebaut, sie haben ihm ja auch die Fahrzeuge für die Liebe geschickt. Ich glaube, 28. Auch die heurigen Projekte für Bruder und Schwester in Not sind nichts anderes als Verkehrsmöglichkeiten für Gottes Liebe: Kinderspital, Schulungszentrum für 1000-fache Selbsthilfe. Ein Stück Autobahn der Liebe in Afrika.

## Im eigenen Herzen

Was das betrifft, so glaube ich, meine Lieben, dass es hier nicht gewaltige Unternehmungen braucht. Ich glaube, in unseren Herzen braucht Gott heute vor allem stille leise Wege, wie die Waldwege ober der Weiherburg. Wir sind nämlich nicht nur in den Trommelfellen lärmgeschädigt, sondern auch in den Herzen. Wir brauchen leise Wege, damit wir zu uns kommen. Wir brauchen stille Wege, in die die Ewigkeit hineinrauscht wie die Bäume des Hochwaldes. Wir brauchen den leisen Weg in diese andächtige, hohe Kirche, den leisen Weg zum roten Licht vor dem Tabernakel, den stillen Pfad zur Selbsterkenntnis in einer Adventsbeichte, den manchmal mühsamen und doch so schönen Steig des Gebetes, der dann immer wieder tröstliche Ausblicke bietet.

So, meine Lieben, ist das mit dem Straßenbauprogramm des Propheten Jesaja in unserer Zeit:

*Emile-Béthouart-Steg, St. Nikolaus*

★ *Weiterbauen* am Wegenetz der Gemeinde St. Nikolaus, von Haus zu Haus, von Herz zu Herz!
★ *Weiterbauen* an den Autostraßen der Liebe in die fernen Länder von Kontinent zu Kontinent!
★ *Weiterbauen* an den stillen Waldwegen des eigenen Herzens, auf denen uns der erlösende Hauch Gottes anweht, der Heilige Geist!

Und wenn Gott sieht, wie wir an den Wegen bauen, neue Trassen überlegen, Frostschäden ausbessern, Brücken schlagen – dann wird ER sicher kommen auf diesen Wegen, mit seiner Gnade und seinem Heil!

# Stufen der Nächstenliebe

Der Einsatz, den die Caritas das ganze Jahr leistet, hätte zugegebenermaßen eine rauschende Festpredigt verdient. Und doch möchte ich im Anschluss an das Evangelium (Mt 5,43–48), das wir gehört haben, eine kleine nüchterne Meditation vorlegen, ein paar Gedanken, die sich um die leichte, die schwierigere und die schwierigste Nächstenliebe handelt. Aber ich wage das auch im Vertrauen darauf, dass Caritas-Mitarbeiter mit der christlichen Liebe auch große Nüchternheit verbinden müssen, und dass ihnen allen das Pathos und die Überschwänglichkeit fremd sind.

## Leichte Nächstenliebe

Es gibt Formen des Helfens, die uns von der Hand gehen wie ein selbstverständlicher Reflex. Wer muss denn schon darüber nachdenken, ein weinendes Kind aufzuheben, das hingefallen ist und sich wehgetan hat? Leicht fällt die Nächstenliebe in der unmittelbar überzeugenden, herzbewegenden Motivation. Sie fällt leicht, wenn ich das Elend vor mir habe oder wenn es mir die in diesem Falle segensreiche Fernsehsendung hautnah vor Augen führt. Es fällt leicht, wenn es die elementaren Bedürfnisse des Menschen betrifft, wie z. B. den Hunger. Das Helfen fällt leicht, wenn es punktuell ist und nicht zu lange dauert. Daueraufträge für Hilfsbereitschaft sind schwieriger als die Hilfsaktion für ein krankes Kind. Zur leichtfallenden Art der Nächstenliebe gehört auch jene, die den unmittelbaren Erfolg, das unmittelbare Echo erlebt: das Aufleuchten von Augen, die überströmende Dankbarkeit, den so wohltuenden Brief, das ehrlich gesagte Vergelts Gott … Leicht fällt die Nächstenliebe, deren Taten und deren Effizienz man dokumentieren kann, mit ansprechenden Bildberichten. Die Übung der Nächstenliebe wird uns natürlich sehr erleichtert, wenn wir gleichzeitig damit eine gewisse Schuld und Verpflichtung abtragen oder einen inneren Vorwurf ausgleichen können. Denn diese Art ist ja für uns auch so etwas wie eine gewisse Therapie, eine Aufrichtung eines geknickten Selbstbewusstseins. Leicht fällt alle Hilfsbereitschaft, die dem sympathischen Menschen gilt: dem unschuldig in Not Geratenen, dem Kind, dem freundlichen Wohnungsnachbarn, dem alten Kameraden, dem Hilflosen, dessen Vertrauen missbraucht wurde, und – sagen wir's ruhig – dem fotogenen Opfer …

Wenn ich in meinem Leben Bilanz ziehe, kommt mir zu Bewusstsein, dass der überwältigende Teil dessen, was ich als Nächstenliebe einordne, in diese Sparte der leichtfallenden Liebe fällt. Und darüber, meint Jesus, sollten wir nachdenken. Damit wir uns nicht gar so gut vorkommen und mit dem Selber-auf-die-Schulter-Klopfen ein wenig innehalten. Nicht, als ob die leichtfallende Nächstenliebe nicht zu üben oder zu verachten wäre – nein. Aber den heroisch umgeworfenen Mantel, mit dem sie sich ganz gern drapiert, sollten wir lieber abstreifen und im schlichten Kasten der Bescheidenheit tief unten verstauen …

## Schwierigere Nächstenliebe

Die stellt sich schon ein, wenn – man verzeihe mir den unpassenden Vergleich – die Granate der Liebe so weit fliegt, dass ich ihren Aufschlag nicht mehr beobachten kann, und kein Echo zu mir zurückkommt, das mir meldet, dass ich getroffen habe. Darum ist die Fern-Liebe schwieriger als die Nah-Liebe. Und trotzdem muss man sagen, eine moderne Caritas muss heute auch mit Interkontinentalraketen arbeiten, mit einem Appell zum grenzenlosen Gutsein, so wie Christus grenzenlos liebt: „Deine Güte, Herr, reicht, soweit die Wolken ziehen" – steht in den Psalmen. Aber das ist schwierig. Wir sind nun einmal Menschen und wir haben einen beschränkten, überschaubaren Kreis, und wir tun uns natürlicherweise ganz schwer, die gewisse Entpersönlichung zu verkraften. Es ist ein Unterschied, ob ich einen vertrocknenden Blumenstock gieße und dann sehe, wie er sich erholt, oder ob ich meine Spende in einen großen anonymen Strom einfließen lasse, ob meine Gabe wie ein Rindenschiff den großen

Fluss hinunterschwimmt und meinen Augen entschwindet – für immer. Schwierig ist die Nächstenliebe auch gegenüber dem, der nicht liebenswert ist. Gegenüber dem undankbaren, immer quengelnden Patienten, dem man nichts recht machen kann, oder dem verkalkten, alten Menschen, der in seiner Persönlichkeit so verändert ist, dass er auf Wohltaten geradezu abstoßend reagiert.

Auch der Sandler, der betrunken ist und weiter an der Flasche hängt, ist manchmal strapaziös, oder der Jugendliche, der trotz aller Warnungen drogenabhängig wurde und kaum mehr ansprechbar ist. Sofort steigt im Menschen wie eine Spontanreaktion der Vorwurf auf: „Die sind doch selbst schuld!" Schwierig wird die Nächstenliebe im Gefängnis, wo man natürlich auch der unredlichen Spekulation ausgeliefert sein kann. Dem Motorradraser, der zum Opfer der eigenen Rücksichtslosigkeit wurde, geht's ähnlich. Schwierig ist die Nächstenliebe, die nicht erwidert wird, einfach aus der Mentalität einer Zeit heraus, die alles fordert und alles als selbstverständlich nimmt. Wie hat der alte Träger des grünen Ehrenkreuzes der Bergretter zu mir gesagt: „Dreimal (!) im Leben hat sich jemand nachher bei mir bedankt." Schwieriger ist auch die Nächstenliebe, die nicht spektakulär auftritt, sondern im Verborgenen der Gesellschaft blühen muss. Es ist gar nicht so leicht klarzumachen, dass der Ausbau einer landwirtschaftlichen Schule den Hunger viel effizienter bekämpft als ein Waggon Mehl. Das Alltägliche ist schwieriger als der Sonderfall. Die Tag und Nacht brennende 60-Watt-Lampe ist im Letzten mehr als ein kurz aufblitzender Scheinwerfer. Wenn der Bischof einen Sandler eingräbt, dann ist das lange nicht so viel wie der tägliche Dienst der Caritas in der Mentlgasse …

## Die schwierigste Form

Die schwierigste Form der Nächstenliebe und Hilfsbereitschaft ist meines Erachtens wohl dann gegeben, wenn uns selbst, die hilflosen Helfer, so etwas wie die „Nacht der Seele" streift. Wenn in mir das Schwungrad nicht mehr läuft, wenn in mir selbst die Quellen vertrocknen, wenn sich Sinnlosigkeitserlebnisse einstellen, depressive

Schleier alles verblassen lassen oder eine tiefe Verbitterung aufsteigt. Wenn die eigenen menschlichen Rahmenbedingungen nicht mehr stimmen oder wenn ein müdes Herz sagt: „Ich mag nicht mehr." Ich weiß, dass solche Belastungen, die das Üben der Nächstenliebe sehr erschweren, nicht nur mit aszetischen Anläufen bewältigt werden können. Manchmal brauchts ein Ausspannen, eine Stille, ein Atemholen, einen Arzt, einen Therapeuten, eine tiefere Neuordnung der Seele, Exerzitien, Besinnung, Distanzgewinnung und Rückkehr zur ersten Liebe. Vielleicht hilft auch die Natur zur Wandlung mit: Es gibt in der Psychologie den so genannten Schleiereffekt, der besagt, dass der beharrliche Einsatz der Trotzdem-Liebe für eine ungeliebte Aufgabe oder einen ungeliebten Menschen bewirken kann, dass man gerade diese oder diesen besonders ins Herz schließt. Sorgenkinder mobilisieren, weil man trotz allem so viel investiert hat. Aber hie und da, liebe Freunde, wird nichts anderes übrigbleiben als das, was die unter derartigen Zuständen außerordentlich leidende kleine heilige Theresia vom Kinde Jesu von sich gesagt hat: „Ich habe jahrelang nur die Werke der Liebe getan, und dabei wenig Trost empfunden."

Und für diese schwierigste Form der Nächstenliebe hat die Kirche nach ihrem Tod den vorhin versteckten Mantel des Heroischen hervorgeholt und ihn der jungen, bedeutungslosen Nonne umgehängt – deswegen wurde sie heiliggesprochen.

An diese schwierigsten Formen hat Jesus gedacht, als er gesagt hat: „Seid vollkommen, wie euer Vater im Himmel vollkommen ist." Unser Gott ist ein Gott der Trotzdem-Liebe.

Wir wollen versuchen, die Weisen der leichten, der schwierigen und der schwierigsten Nächstenliebe immer wieder einzuüben, wenn uns das Leben fordert.

# Der Rosenkranz

Unsere Tiroler Wallfahrtsorte lassen das Herz meist ins Weite, ins Große schweifen. Sie thronen hoch auf einem Felsen, wie hier in St. Georgenberg, oder sie kleben an Steilhängen, schauen von Hügeln herunter oder lassen sich von gewaltigen, stillen Bergen umrahmen. Und deshalb regen sie zu Gedanken an, die Zeit und Ewigkeit, Leben und Ziel allen Wanderns umspannen.

Darum muss ich mich fast entschuldigen, dass ich heute über etwas ganz Kleines predige. Über ein Ding, das viele von euch bei sich haben, und jetzt bei der heiligen Messe vielleicht wegstecken, aber das für viele zum Wallfahren einfach dazugehört: Ich meine den Rosenkranz.

Er hat mich zwar durch die Jahrzehnte begleitet, aber ich gestehe, dass ich nicht sehr oft über ihn gepredigt habe. Vielleicht deshalb, weil ich häufig vor jungen Menschen reden musste und weil mir immer vorgekommen ist, junge Menschen hätten vielleicht gewisse Vorbehalte gegen diese Gebetsform. Ich kann das gut verstehen. Ich müsste lügen, wenn ich sagen wollte, der Rosenkranz hätte mir in den Jahren der Jugend sehr viel bedeutet …

Und doch möchte ich in dieser Abendstunde auch die vielen junge Menschen, die hier sind, bitten, nicht gleich abzuschalten, wenn ich dieses Thema anschlage. Aber ich möchte gleich vorweg eines erklären: Niemand muss gerade diese Gebetsform wählen. Wir müssen versuchen, im Geist und in der Wahrheit zu beten. Die Formen sind für Christus zweitrangig. Aber auch er hat traditionelle Gebetsformen seines Volkes übernommen und geübt. Und ich denke mir: Wenn man im Leben etwas Kostbares oder Seltenes gefunden oder erworben hat, – ein Bild, einen schönen Stein oder ein Buch –, dann zeigt man es doch ganz gern auch anderen. Und genau das möchte ich mit dem Rosenkranz jetzt tun.

# Der Rosenkranz ist ein
unscheinbares Gebet

Darum muss man ihn entdecken. Oberflächlich betrachtet oder mechanisch gebetet, könnte er wie eine Leier wirken, wie eine Art Gebetsmühle, die man andreht und laufen lässt, ohne sich etwas dabei zu denken. Dass er das nicht ist, entdeckt man am besten in der Stille und in der Einsamkeit. Ich habe den Rosenkranz als Neunzehnjähriger entdeckt, als ich viele Wochen in der Isolationshaft der Geheimen Staatspolizei war, ohne Buch, ohne Besuch, ohne Kontakt, nur konfrontiert mit den gefürchteten Verhören, der unendlich langsam rinnenden Zeit und der Ungewissheit des Schicksals. Und dort bin ich auf den Zehnfinger-Rosenkranz gekommen, wie er leise durch die stillen Stunden gewandert ist und eine grausige Zelle mit einem winzigen Stück vergitterten Himmels in einen Ort tiefen Friedens verwandelt hat. Vielleicht war diese Entdeckung der Dank der Muttergottes. Ich war nämlich wegen eines Wallfahrtsortes eingesperrt …

Darum möchte ich alle jene ermutigen, diese Freundschaft mit dem Rosenkranz zu entdecken: in einer entlasteten Stunde, in einer schweigenden Kirche, auf einem sonnigen Platz auf der Höhe oder in der Gelöstheit eines Besinnungstages. Das Sich-Einlassen auf diese schlichte Form wiederholenden Betens kann so etwas sein wie ein Stück heilige Therapie. Alle großen Religionen der Erde kennen solche Weisen der Frömmigkeit. Aber der Rosenkranz ist nicht nur ein frommes Beruhigungsmittel für die Seele (das wir – weiß Gott – auch oft brauchen), er ist doch noch mehr. Er lässt in einfachen Bildern die großen Inhalte des Glaubens vorüberziehen. Und so wird die winzige Perlenschnur zum Lasso, das die gewaltigen Geheimnisse des Heils einfängt.

## Der Rosenkranz ist ein
## geduldiges Gebet

Es ist an ihm etwas vom unverdrossenen Rauschen des Baches, den wir jetzt von der Schlucht herauf hören. Er erinnert mich an die Wellen, die am Strand des Meeres ausrollen, eine nach der anderen, in unermüdlichem Rhythmus, die wie eine einzige Demonstration der Beharrlichkeit wirken. Beim Rosenkranz ist das Beten nicht nur ein jäher Aufschrei, ein vorübergehender Anfall, ein huschender Gedanke, ein schneller Telefonanruf beim lieben Gott. Im Rosenkranz steckt etwas vom ruhigen Schlag der alten Standuhr. Und so ist er eine Art Kontrapunkt gegenüber dem sprunghaft-unruhigen, nervös-unkonzentrierten Augenblicksmenschen von heute, der wir ja alle sind. Der Rosenkranz verträgt übrigens das Abschweifen. Das ist inbegriffen. Und er holt sanft zurück. Er ist eben ein geduldiges Gebet. Er ist sozusagen eine Art „Mountainbike" der Frömmigkeit. Er verlangt ein geduldiges, rhythmisches Treten, nicht ganz mühelos, aber er bringt nach oben.

## Der Rosenkranz ist ein
## bergendes Gebet

Auch wenn man ihn in der Einsamkeit betet, ist man nicht allein Da ist der Engel, der den Gruß spricht, da ist die horchende und gehorsame Muttergottes, und in der Schlussbitte des „Gegrüßt-seist-du-Maria" rauscht der ganze Chor der sündigen, hilfesuchenden Menschheit auf. Vor allem aber hat dieses Gebet eine Mitte, in der alles gipfelt und ruht: „Gebenedeit ist die Frucht deines Leibes – *Jesus!"* Mit diesem Wort erhält jede Woge des Gebets immer wieder ihre blitzende Schaumkrone …

Vielleicht sollten wir hie und da, wenn wir den Rosenkranz ganz privat beten, hinter dieses Wortes „Jesus" einen ganz persönlichen Gedanken setzen, nicht nur die üblichen 15 Geheimnisse. Wie ich vorhin hinuntergeschaut habe auf euren Lichterzug, der durch die dunklen Wälder heraufgewandert ist, da hab ich nicht den glorreichen oder schmerzhaften Rosenkranz gebetet, sondern einfach: „Jesus, der diese Menschen liebt" – „Jesus, der um ihre Sorgen weiß" – „Jesus, der alles zum Guten lenkt". Dieses Verweilen-Dürfen beim Herrn der Welt – das ist etwas Wunderbares. Der Rosenkranz ist wirklich ein bergendes Gebet. Mit seinen 59 Holzperlen ist er wie ein Kugellager, auf dem das unruhige Herz sanft dem ewigen Erbarmen zurollt.

Der Rosenkranz ist kein altertümlicher barocker Brauchtumsschnörkel der Volksfrömmigkeit. Für den, der ihn entdeckt hat, ist er ein höchst modernes Gebet, eine Weise der Gottbegegnung für heute und morgen.

# Kinderspiel und Ewigkeit

In meiner Kindheit, in der der Radius des Daseins nicht von Motoren, sondern den Beinen bestimmt wurde, gab es ein beliebtes Ausflugsziel: Im Garten eines Gasthofes hoch über der Stadt stand eine „Drahndl" – ein kreisrundes, bewegliches Gebilde mit Boden und Dach und am Rande herumlaufenden Sitzbänken. Die Kinder konnten einsteigen, und wenn draußen ein williger Erwachsener schob, ging die Fahrt im Kreis herum, immer schneller und schneller. Wenn es gar zu rasch wurde, konnte man aufstehen und sich etwas torkelnd der Mitte zu bewegen, und wenn man sich an den Baumstamm in der Mitte anlehnte, der die Achse bildete, dann drehte man sich ganz langsam im Kreise.

Die „Drahndl" im Gastgarten steht schon lange nicht mehr – aber inzwischen sind wir alle in die große „Drahndl" des Lebens umgestiegen und haben auf den Bänken am Rande Platz genommen, haben unsere Rollen, Aufgaben und Verpflichtungen angetreten – und die Fahrt ist losgegangen, und wir haben oft das Gefühl, dass sich die „Drahndl" immer schneller dreht, dass die Fixpunkte immer rascher vorbeifliegen, dass die Bäume, Silhouetten, Horizonte, Erlebnisse, Eindrücke und Termine immer eiliger vorüberhuschen. Hie und da fasst uns ein leichter Schwindel, vielleicht sogar ein wenig Übelkeit auf dieser Geisterbahn der Zeit. Vielleicht sollten wir es auch so machen, wie wir es als Kinder getan haben: uns vom Sitz des Alltags erheben und ein paar Schritte auf die Mitte zu gehen, wo die Bewegung immer ruhiger wird, und uns schließlich an den Stamm lehnen, an die Achse in der Mitte, wo die Bilder ruhiger vorbeigleiten und die Dinge nicht rasend auf uns zukommen und blitzgeschwind entfliehen, sondern grüßend vorbeiziehen.

Das Buch Kohelet des Alten Testamentes begleitet mit der Sprache des Dichters, der Skepsis des Denkers und dem Herz des Weisen die Reise des Menschen durch die Zeit. Und in diesem Buch steht der Satz: „Überdies hat er [Gott] die Ewigkeit in alles hineingelegt …" (Koh 3,11).

166

# Das Nachdenken über die Ewigkeit

Tatsächlich gehört zu den Abenteuern des menschlichen Geistes auch dieses Nachsinnen über die Ewigkeit. Immer wieder ist der Mensch denkend und forschend im Karussell der Zeit aufgestanden und hat versucht, jener geheimnisvollen Mitte zuzustreben, in der alle Bewegung des Geschaffenen nicht mehr gilt und die doch alles Bewegte als Angelpunkt erfasst. Der Mensch hat nachgedacht über die Ewigkeit Gottes. Und es ist ihm klar geworden, dass diese ruhende Unendlichkeit kein starrer Tod sein kann, sondern die Fülle sein muss, dass es aber andererseits in Gott kein Vorüberziehen und Entgleiten, kein Vorausschauen und kein Zurückbleiben, kein Früher und Später, kein „Noch nicht" und kein „Nicht mehr" geben kann, sondern nur eine einzige Schau und ein einziges Jetzt. Aber gleichzeitig ist den Denkern auch klar geworden, dass unsere Vorstellungen niemals den Maßen der Zeit entrinnen können. Und so kommt dieses Nachsinnen über das Wesen der Ewigkeit an seine unübersteigbare Grenze. Vielleicht hat jener Mann Boethius, der – in den Stürmen der Völkerwanderung lebend – mit Recht als einer der Väter des Abendlandes bezeichnet wird und der vor seiner Hinrichtung im ostgotischen Kerker den „Trost der Philosophie" schrieb, darin die gültigste „Definition der Ewigkeit" niedergeschrieben. „Aeternitas est interminabilis vitae tota simul et perfecta possessio": Die Ewigkeit ist der end- und anfangslose vollkommene, ganze und gleichzeitige Besitz des Lebens … (De consolatione philosophiae, V 6: PL 63, 858).

Aber auch uns einfacher gebauten Menschen, denen es schwerfällt, den Spekulationen und Gedanken großer Geister zu folgen – auch uns hat Gott „die Ewigkeit ins Herz gelegt". Auch wenn wir mitten in der Zeit leben, streift uns manchmal ihr Hauch. Obwohl uns der Fahrtwind des Lebens um den Kopf weht, hören wir manchmal ihre leise Melodie. Wenn wir es auch nicht in Worten und Begriffen auszudrücken vermögen, das Herz befiehlt uns doch, immer wieder vom Karussellsitz aufzustehen und der Mitte zuzuwandern, bei der es ruhiger wird und um die sich alles dreht.

Wann ereignen sich diese Erfahrungen des Ewigen in der kreisenden Zeit? Wann machen wir – wie die Kinder in der „Drahndl" – die taumelnden Schritte auf die Achse, die Mitte, die große Ruhe zu?

## Das Erlebnis des Grenzenlosen

Das kann uns an einem Abend am Meer, einem Morgen auf dem Berg, beim unermüdlichen Rauschen eines Baches oder bei einer Sonate von Beethoven überfallen. Es gibt Augenblicke, in denen die Zeit stillsteht. Es ist dann so, als würde ein bisher geschlossenes Fenster geöffnet und man vernähme von weit her die Stimme der Ewigkeit wie ein verwehendes Hornsignal … Dieses Fenster kann von der Natur, von der Stille und manchmal auch vom Schmerz aufgeschlossen werden.

Einen weiteren Schritt auf das Ewige zu machen wir in der *Erfahrung des Gültigen*. Wer die Weisheit der Jahrtausende durchforstet, kann plötzlich die Einsicht erleben, dass eine Wahrheit zeitlos ist: Sie wurde in ägyptischer Hieroglyphe, in chinesischer Tusche, auf mittelalterlichem Pergament und im modernen Computer festgehalten. Wer von uns schon etwas älter ist und den Wechsel der Zeiten und Moden erlebt hat, kann plötzlich erkennen, dass es Grundsätze gibt, die man nie widerrufen muss, dass Lebensgesetze walten, die sich in allen Situationen behaupten, und einen Trost, der nie versagt. Es kann ein beglückendes Erlebnis sein, um Taten zu wissen, die man nie bereuen muss, so fragwürdig manches an uns sein mag. Selbstverständlich möchte uns der Ungeist der Zeit einreden, dass es das Gültige nicht gäbe, dass alle Werte relativ seien, dass „gut" und „böse" eben immer nur unter Anführungszeichen stünden. Wo die Melodie des Ewigen aufklingt, muss der Störsender in Betrieb gehen. Die Heilige Schrift hat ein Wort geschaffen, das allen Verschwommenheiten und Relativierungen wie Granit entgegentritt: Amen. Das Hebräische „aman" heißt „feststehen". Amen heißt also: So ist es, so bleibt es, so gilt es. Christus hat dieses Wort vor seine entscheidendsten Aussagen gestellt: Amen, amen, ich sage euch …! Amen ist im Geschwätz der Menschen wie ein Paukenschlag der Ewigkeit. Noch etwas bringt uns jener Mitte näher, die wir Ewigkeit nennen:

# Die gelebte Treue

Im Tempel von Jerusalem stieg jeden Tag um neun Uhr Vormittag und sechs Uhr Abend vom Rauchopferaltar eine Wolke zum Himmel. Dieses Opfer hieß Tamid, auf Deutsch „immer wieder". Das „Immer wieder" des Heiligen und des Guten im Leben ist in die Zeit eingewobene Ewigkeit. Natürlich widerspricht dieses „Immer wieder" den Bedürfnissen einer mehr dem Augenblick und der Sensation zugeneigten Welt, aber das „Immer wieder" des Gebetes, des Dienstes, des Sonntags, des Ritus, des Festes, der Hausarbeit, des Aushaltens, der Geduld bleibt doch das Goldfadenmuster, das in den Stoff der uns geschenkten Zeit eingewoben werden muss, damit sie zum kostbaren Brokat der Ewigkeit wird.

Als Kinder haben wir uns manchmal beim Spiel in der „Drahndl" an den Baumstamm in der Mitte gelehnt, der die Achse bildete – und dann wurde man ganz langsam herumgedreht, und statt der sausenden Fahrt kehrte die Ruhe ein.

Damit ist eigentlich eine letzte Erfahrung vorgezeichnet, die uns ganz nahe an die Grenze des Ewigen bringt: *die vertrauende Gelassenheit*. Zum Unterschied von der Gelassenheit, die Stoiker und andere Philosophen gelehrt haben, möchte ich sie die vertrauende Gelassenheit nennen. Das heißt, dass wir die Mitte des ewigen Gottes zwar nicht erkennen und begreifen können (unser Gesicht ist der Welt zugewandt), aber wir lehnen uns gläubig-vertrauend an diesen ewigen Gott an, um den sich die Welt dreht. Wir verlassen uns auf ihn. Wir stützen uns auf ihn. Wir halten uns an ihm fest. Und dann dreht sich die Welt und die Zeit etwas langsamer und ruhiger und weniger verwirrend, und wir verlassen den Zustand des Taumelns und kommen zu einem ruhigen Stehen …

Wir brauchen immer wieder die Stunden, in denen wir die sausende Fahrt an der Peripherie der Zeit verlassen und der Mitte zustreben. Im Erlebnis des Grenzenlosen, in der Erfahrung des Gültigen, in der gelebten Treue und in der vertrauenden Gelassenheit.

# Gebet für die Heimat

*Herr Jesus Christus,*
*du bist der Herr der Geschichte.*
*Mit dir gehen wir aus dem Gestern*
*in das Morgen.*
*Lass uns bewahren, was gut ist,*
*und ändern, was besser werden soll.*
*Lass uns ein Land des Friedens sein,*
*nach innen und nach außen.*
*Und verhüte, dass wir das kostbare Gut der Freiheit*
*durch die eigene Maßlosigkeit gefährden.*
*Herr Jesus Christus,*
*seit Jahrhunderten strahlt über unserer Heimat*
*das Geheimnis deines Herzens.*
*Es strahlt über allem Glauben*
*und aller Hingabe,*
*aller Untreue und Gleichgültigkeit,*
*aller Echtheit und allem Schein.*
*Wir vertrauen auf dein Herz,*
*das uns an deine immerwährende Liebe erinnert,*
*in der alles geborgen ist –*
*unser Leben und unser Schicksal*
*und unsere Heimat Tirol.*

*Schloss Ambras*

# Übersicht der Predigten